DAS **MULETAS** FIZ **ASAS**

Copyright © 2022 by Luiz Thadeu.

Licença exclusiva cedida à nVersos Editora. Todos os direitos reservados.

Diretor Editorial e de Arte: Julio César Batista

Produção Editorial: Carlos Renato

Revisão: Elisete Capellossa e Rafaella de A. Vasconsellos

Projeto Gráfico e Editoração Eletrônica: Juliana Siberi

Capa: Hégon Henrique Moura

Imagem da Capa: Albani Ramos

Dados Internacionais de Catalogação na Publicação (CIP)
(Câmera Brasileira do Livro, SP, Brasil)

Thadeu, Luiz
　　Das muletas fiz asas: a história do viajante que venceu suas limitações e ganhou o mundo / Luiz Thadeu. - São Paulo: nVersos Editora, 2022.

　　ISBN 978-65-87638-67-6

　　1. Experiências de vida 2. Homens – Biografia 3. Relatos pessoais 4. Superação – Histórias de vida 5. Thadeu, Luiz I. Título

22-107701　　　　　　　　　CDD-920.71

Índice para catálogo sistemático:

1. Homens : Biografia 920.71
Aline Graziele Benitez - Bibliotecária - CRB-1/3129

1ª Edição, 2022
Esta obra contempla o Acordo Ortográfico da Língua Portuguesa
Impresso no Brasil – Printed in Brazil
nVersos Editora
Rua Cabo Eduardo Alegre, 36
CEP 01257-060
São Paulo – SP
Tel.: 11 3995-5617
www.nversos.com.br
nversos@nversos.com.br

Luiz Thadeu

DAS MULETAS FIZ ASAS

A história do viajante que
venceu suas limitações
e ganhou o mundo

nVersos

À **Heloisa Helena**, companheira de caminhada, obrigado por estar ao meu lado.

Aos queridos filhos **Rodrigo** e **Frederico**, meus melhores amigos e parceiros.

Ao amigo **Raimundo Araújo Gama**, colega dos bancos escolares, que viabilizou meu sonho transformando em livro.

Sumário

Prefácio 9

Capítulo 1:
As pedras e os caminhões do caminho 11

Capítulo 2:
Fronteiras pessoais 55

Capítulo 3:
A melhor saída é para dentro 77

Capítulo 4:
Bolso raso, sonhos profundos 91

Capítulo 5:
Bagagem para a vida 107

Capítulo 6:
Em boa companhia 115

Capítulo 7:
Viagens extremas 137

Capítulo 8:
Entre apuros, perrengues e gentilezas 149

Capítulo 9:
A vida não tem idade 169

Capítulo 10:
Lambuze-se! Aproveite o agora 193

Capítulo 11:
Caminho sem volta 205

PREFÁCIO

Na lista de contatos do meu celular, Luiz Thadeu está identificado como Luiz Gira Mundo. Afinal, não tem melhor nome para ele. Conheci o Luiz em uma tarde ensolarada de primavera quando visitava nosso escritório de Nova York. O sorriso largo e a empolgação o precedem. Em questão de minutos, já estava envolvida pelas histórias de viagens que parecem saídas de um sonho. Somente quando ele me contou que era o brasileiro com mobilidade limitada a visitar o maior número de países que percebi as muletas. Elas certamente não o definem. Porque a vontade de viver do Luiz não tem limitações. Não requer nenhuma assistência. Vem do fundo da alma mesmo.

Logo nas primeiras páginas do livro, Luiz diz que é um homem sem qualquer talento especial. Nem dançar sabe. Lendo essas palavras, dou boas risadas. Afinal, como alguém sem talentos viajaria pelos quatro cantos do mundo de muletas, a maioria das vezes sozinho e sem uma conta bancária bem recheada? É dessa vontade, talento, desejo ou perseverança – chame como quiser – que estou falando.

Alguém que acorda em um apartamento de quatro quartos à beira do mar pronto para encontrar a família e sair de férias e termina a noite na traseira enferrujada de uma van com a perna esmagada e múltiplos ferimentos certamente vivenciou na pele como a vida é imprevisível, como nada é garantido e como devemos ser gratos pelas bênçãos que nos são concedidas.

Uma pessoa que, como ele, passou por quarenta e três cirurgias e passou anos sentindo dores excruciantes poderia desanimar, se lamentar, desistir dos sonhos. Mas o Luiz que renasceu dessas provações veio renovado. Ainda mais determinado a realizar sonhos que talvez nem ele soubesse que tinha ou que eram viáveis.

Então, se você está na dúvida se merece realizar seus sonhos, se acha que são impossíveis ou não tem forças para persegui-los, prepare-se. Leia as páginas que se seguem e encontre aí dentro a força interior para não desistir, para recomeçar ou tentar mais uma vez. Portanto não me venha com essa de que os obstáculos são intransponíveis, os desafios, grandes demais, os sonhos, muito mirabolantes. Um sonho perseguido com raça e coração está destinado a se realizar.

Esse não é, nem pretende ser, um livro de autoajuda. Mas pode sim ser lido como uma lição de vida. Trata-se de um relato sincero, comovente e sem autocomiseração de alguém que passou por momentos inimagináveis para a maioria de nós e não apenas deu a volta por cima, mas renovou a fé na vida. Dobrou a aposta na busca pela felicidade e se lembrou de que, se nosso tempo aqui na Terra é curto, também pode ser aquilo que a gente escolher. Sem limitações. Então, leia. Inspire-se. Depois levante-se e corra atrás dos sonhos que você achava que nunca iria realizar.

Sandra Coutinho
Correspondente da TV Globo Internacional

CAPÍTULO 1
As pedras e os caminhões do caminho

"Quando a situação for boa, desfrute-a; quando a situação for ruim, transforme-a; e quando a situação não puder ser transformada, transforme-se."

Viktor Frankl (1905-1997),
neurologista austríaco, criador da Logoterapia e Análise Existencial

Deixei João Pessoa às 7h da manhã do dia 11 de julho de 2003, uma sexta-feira. Fazia noventa dias que estava ali a trabalho, sem ver minha família. Passava das 11h quando desci do ônibus na rotatória da entrada de Natal. De lá, ia tomar outro ônibus para Fortaleza onde encontraria com minha mulher, Heloisa Helena, meus dois filhos, Rodrigo e Frederico, e meu irmão, Luiz Henrique, no nosso restaurante preferido da cidade para comemorar o reencontro e o aniversário de Henrique. Eles tinham saído de São Luís do Maranhão pela manhã e tinham uma viagem mais longa que a minha. Quase 14 horas.

Mas John Lennon há muito nos adverte que: "A vida é o que acontece enquanto você está ocupado fazendo outros planos". Meu roteiro inicial começou a dar errado na rotatória de Natal. Quando cheguei lá, o ônibus para Fortaleza já tinha passado. Fiquei algum tempo em dúvida sobre o que fazer. Ao sentir que começava a chuviscar, achei melhor entrar em uma van que chamava os interessados a irem para Mossoró, cidade no meio do caminho, onde pegaria o ônibus que perdi. Dessa forma, iria avançando, em vez de ficar ali parado.

Uma mulher aparentando uns 30 e poucos anos também subiu na mesma van. Pediu para sentar na frente, porque era casada e não queria ter de "dividir o banco com um homem que não conhecia". Depois de vários quilômetros rodados em silêncio, a van quebrou. Estávamos na BR-304, pista simples de mão dupla, com acostamento irregular e má fama. Uma das mais movimentadas e perigosas do Rio Grande do Norte.

Durante a espera por uma nova solução para essa desventura, puxei conversa com essa senhora. Estava intrigado com tanto recato. A moça – nunca consegui lembrar seu nome – era de Mossoró. Pessoa simples, de pouca instrução. Estava voltando para casa, depois de uma temporada com parentes. Ficou cerca de três meses escondida do marido ciumento e violento. A pedido dos filhos e da família dele, iam tentar se reconciliar.

Logo em seguida, passou um ônibus para Mossoró. Subimos, mas já não havia poltronas disponíveis. Transcorrido um tempo, ainda em pé na escada ao lado do motorista, questionei: "Eu vou assim o caminho todo? Se sim, não vou pagar passagem". Na parada seguinte, o motorista nos convidou a descer, quase nos obrigando, mas sem cobrar nada.

Nos restou sentarmos no barzinho à beira da estrada onde fomos deixados. Paguei-lhe um refrigerante. A preocupação por ser casada já não impedia que a conversa fluísse. De repente, a moça gritou: "Juvenal!" Um conhecido dela estava passando. Era um "táxi de linha", como são chamados os carros da região que circulam pelas estradas do Rio Grande do Norte para pegar passageiros. Já havia um senhor sentado na frente. Ela e eu dividimos o banco traseiro, sem ressalvas. A mulher atrás de Juvenal, e eu, atrás do banco do passageiro.

Seguimos a viagem conversando e, pouco tempo depois, paramos em um posto de gasolina. O outro passageiro desceu e eu passei para o assento ao lado do motorista. Mas Juvenal me pediu para voltar para trás e colocou ali uma caixa de papelão. Foi Deus! Não rodamos nem dez minutos. Juvenal tinha acabado de atender o celular. O chuvisco de antes apertou e virou chuva. Distraído, o motorista invadiu a pista no sentido contrário. Surgiu um caminhão. No reflexo, Juvenal jogou o carro para o meu lado. Eu não vi mais nada.

A pancada foi bem ali na frente, onde eu estaria sentado, não fosse aquela abençoada caixa. O Monza Club, um carro de série especial quatro portas, ficou todo retorcido com o impacto. O banco dianteiro correu para trás e esmagou minha perna. Eu nunca mais soube notícias daquela mulher nem de Juvenal. Esse é só o preâmbulo da história de quem me tornei.

Espero que bater de frente com um caminhão logo nas primeiras páginas desse livro não seja um motivo para que não sigam em frente na leitura do meu relato. Já posso adiantar que tal acidente não foi impedimento para eu seguir com minha vida. Pelo contrário, representou um caminhão de mudanças para mim.

Talvez você ainda não me conheça ou saiba bem pouco desse viajante profissional que lhe escreve. Naquele final de tarde chuvosa de uma sexta-feira, a irresponsabilidade do motorista de táxi ao atender o celular mudou toda minha trajetória de vida. Após o acidente, tornei-me um personagem *sui generis*, motivo de reportagens em diversas mídias, jornais, revistas, *sites*, programas de rádio e TV da grande mídia, de veículos especializados, regionais, nacionais e internacionais. Hoje sou o brasileiro com mobilidade reduzida mais viajado do mundo, reconhecido pelo *RankBrasil: Livro dos Recordes Brasileiros*. E estou prestes a ser promovido a "sul-americano com mobilidade reduzida mais viajado do mundo".

Por conta da pandemia mundial do novo Coronavírus, precisei suspender meus planos de viagem para deixar o vírus passar. Assim como a maioria dos habitantes do planeta, no ano de 2020. Ficar em casa não representou um fardo. Decidi usar o momento de introspecção forçado a meu favor. Aproveitei para me concentrar e escrever esse livro.

Vou voltar no tempo para amenizar o choque com o caminhão, e contar quem era o Luiz Thadeu que estava sentado no banco do táxi naquele final de tarde. Já estava na estrada da vida fazia quarenta e quatro anos. Tinha uma vida estável, organizada e cheia de planos. Tinha pouquíssima experiência com problemas de saúde. Sempre fui muito saudável. Mas era muito íntimo de outras ordens de dificuldade. Já me considerava calejado em administrar problemas. Dos grandes. De ordem financeira, desde o início da vida, e de ordem familiar, desde a adolescência. Mas meu lema sempre foi: "Ter problemas na vida é inevitável, deixar-se abater por eles é opcional". Por isso nunca me deixei abater.

Nasci na chuvosa manhã de 7 de dezembro de 1958, uma segunda-feira. Sou o primeiro filho de seis irmãos. Meu pai e minha mãe eram casados. Minha mãe, Maria da Conceição Nunes e Silva, chamada carinhosamente de Dinha, tinha uma vida muito boa antes do casamento. Estudava em um excelente colégio quando fugiu com meu pai, Luiz Magno Gomes e Silva. Ele era um cara muito engraçado e leve, mas muito irresponsável. Acho que ela, uma pessoa mais séria, encantou-se justamente por isso.

Em princípio foram morar em um sítio do meu avô paterno, na zona rural de São Luís do Maranhão. Sem água encanada, sem luz elétrica. Viviam à base de Petromax, os famosos lampiões a gás de querosene sob pressão. O que já dizia muito sobre a postura de Luiz Magno. Funcionário público federal, tinha um bom salário, mas nunca soube dar valor ao dinheiro. Um perdulário contumaz que não se preocupava em edificar nem em poupar. Se fosse dado a ele o orçamento da prefeitura da cidade, não resolveria. O orçamento do Maranhão também não. Certamente nem todo o dinheiro da Casa da Moeda.

Depois de um tempo, minha mãe, de personalidade forte e muito firme nas suas posições, se rebelou. Tomou as rédeas e fez com que voltassem para a zona urbana de São Luís. Passou anos mudando de um aluguel para outro, até conseguir uma casa na Cohab – Conjunto Habitacional, programa de moradia de baixa renda do governo estadual.

Meu pai amava a vida dele desarrumada. Desconhecia o luxo e a sofisticação. Tinha um banco, uma mesa e uma rede. Pronto. Era de uma simplicidade enorme, que se misturava a um forte desalinho. Quando eu era garoto, nunca tive sua companhia à mesa para as refeições em nossa casa.

Puxei à minha mãe, nasci com uma visão muito racional e pragmática sobre dinheiro. Digo sempre que desde que saí da maternidade já tinha em um olho uma fita métrica, no outro, uma balança, pois tudo o que é meu é medido e pesado. Só consegui minhas coisas assim. Aprendi muito cedo que de onde você tira e não coloca, acaba! Nunca fui escravo de bens materiais ou de dinheiro. Mas entendi que a melhor fórmula é produzir primeiro para depois gastar.

Sempre valorizei o que conquistei. Sou muito cuidadoso com tudo. Desde os carrinhos de fricção e outros presentes de Natal que ganhávamos de meu avô e de minha mãe, quando crianças. Em uma semana, até o ano-novo, meu irmão, que tem idade próxima a minha, já tinha quebrado os seus presentes. Os meus continuavam perfeitos até o Natal seguinte.

Meu princípio em relação ao dinheiro é de respeito por toda a energia que ele concentra. Dinheiro não acaba, ele troca de mãos. Se eu usar de forma errada, vai ser transferido para outra pessoa. Sempre soube lidar muito bem com minhas finanças. Via as atitudes do meu pai e não queria nada daquilo para mim. Sou filho de uma classe média baixa que conseguiu alcançar a média alta. Mas nunca me encantei com as atitudes da classe média ao meu redor. Aquela que gasta sem se preocupar com o dia de amanhã.

Tivemos uma infância muito simples. Minha mãe era mais provedora do que meu pai. Pedagoga e educadora, tinha três nomeações. Trabalhava de manhã, tarde e noite. Além de cuidar dos filhos. Os três filhos homens são Luiz, em homenagem a meu pai. Eu, Luiz Thadeu. O segundo, Luiz Henrique. Depois vem, seguindo a ordem de idade, Rita de Cássia, Isabel Cristina, Heloísa Helena e o caçula, Luiz Fernando. Foram seis filhos em 10 anos.

A intensidade de trabalho dentro e fora de casa levou minha mãe à estafa. O filho temporão não chegou a nascer. Ela morreu com 43 anos de idade, grávida de seis meses, de infarto do miocárdio. Vi minha mãe morta com um barrigão. Precisa muita força para encarar uma cena desse tipo. Marcou muito. Era Dia de Finados, 2 de novembro de 1976. Eu tinha 17 anos de idade e estava terminando o curso científico, como se chamava uma das três opções de ensino médio daquele tempo.

Assim que minha mãe morreu, papai nos abandonou. Ele já tinha uma namorada e foi viver com ela. Tornou-se um pai mais omisso do que antes. É preciso reconhecer, entretanto, suas qualidades. Meu pai nunca bateu em seus filhos. Nunca humilhou nenhum deles. Não se zangava com ninguém. Eu nunca o vi zangado na vida. Era muito dócil. Nunca teve inimigos. Pelo contrário, foi muito amado pelas pessoas. Todo mundo queria ficar perto dele.

Papai foi um ser humano que nunca se estressou com nada. Nunca reclamou de nada da vida. Podia não estar bem, mas ninguém sabia. Acho que nos abandonou porque não queria se estressar. Ele não tinha estrutura emocional para dar conta daquilo. Afinal, nunca teve estrutura nenhuma.

Luiz Magno não chegou a cortar contato conosco. Mas, principalmente naquele momento, dava aos filhos muito menos do que a gente precisava. Ele dava dinheiro para a comida. Mas faltava para a luz... e cortavam a energia de casa.

Ele sugeriu distribuir os filhos entre seus irmãos e casais queridos que tinham boas condições financeiras. Naquela época ainda se fazia aquilo. Eu me revoltei. Disse a ele: "Papai, o que se dá é barrigada de cachorro. O que se dá, papai, é filhote. Nem isso mais. Nem cachorro não é mais dado. Hoje se vende cachorro. O senhor quer nos dar? Aqui em casa você não vai dar ninguém."

Ainda assim, uma irmã minha nessa época foi morar com um tio. Ficou por dois anos em Coelho Neto, interior do Maranhão. Os outros cinco ficamos dentro de casa. Quando ela voltou foi um inferno. Todos contra ela. Ficávamos brigando com ela. A partir daí, eu segurei mais ainda. Percebi que se nós nos separássemos, não seríamos mais uma família.

Eu queria organizar minha vida, e nosso pai era muito desorganizado. Decidi assumir meus irmãos. Segui o exemplo de comprometimento e responsabilidade de minha mãe. Levo isso para a vida inteira. Todos nós continuamos estudando em colégios bem conceituados. Fui ao Instituto Divina Pastora, onde minha mãe pagava duas mensalidades e tinha bolsa para a terceira filha. Falei da nossa realidade, e as freiras conseguiram bolsas de estudo para minhas três irmãs seguirem lá até o ginásio. Além do apoio financeiro, foi fundamental o acompanhamento que as freiras nos deram na fase de luto. Meus irmãos já estavam bem encaminhados. Estudavam em um bom colégio público.

Eu tranquei a casa por um ano depois da morte da minha mãe. Durante esse tempo, não podíamos olhar pela janela. Na verdade, não queria que as pessoas ficassem olhando a nossa vida. Meu maior receio era de que minhas irmãs engravidassem. Éramos muito humildes. A nossa casa era simples. Morávamos em um bairro de classe média baixa, onde circulava muita maconha. Ninguém sabia ainda o que era cocaína naquela época. Morria de medo que elas fossem assediadas e engravidassem. Daí o inferno entraria mesmo dentro de casa. Então eu teria de assumir mais problemas.

Se hoje é um desafio ser adolescente mãe solo, imagine 40 anos atrás. Sem dinheiro, sem nada. Bem sei que uma das melhores coisas do mundo é o sexo. Mas uma das piores coisas do mundo também é o sexo. Pedofilia é sexo, prostituição é sexo. Quem não se orienta nessa questão acaba se envolvendo com o que não serve. Fui muito rígido com todos, mas eles entenderam que era para o bem. As três se casaram mais tarde, nenhuma grávida.

Mesmo com tudo isso, em casa não dávamos espaço para lamentações. Nada daquele clássico bordão: "Ó, vida, ó, céus", da hiena Hardy, dublada no Brasil por ninguém menos do que Lima Duarte. Um desenho animado de Hanna-Barbera que marcou gerações. Pelo contrário, somos otimistas como o leão Lippy, companheiro de Hardy. Damos força um para o outro e ainda distribuímos para quem mais precisar. Tenho horror a pessoas negativas. Pavor! As pessoas em geral reclamam muito da vida. Eu nunca tive tempo para isso.

Todas essas circunstâncias nos ensinaram a nos virar. Foi uma lição de vida. Como diz o ditado: "A necessidade é mãe das soluções". A dor e as dificuldades nos fizeram pessoas muito fortes espiritual e emocionalmente. "Tudo o que aconteceu nos fortaleceu, campeão. Nossa história é de crescimento e superação", reforça minha irmã Isabel Cristina, uma verdadeira Pollyanna, personagem famosa por ver sempre o lado bom de tudo. Poucas pessoas teriam estrutura para passar pelo que passamos e seguir com cabeça boa.

Se vocês, ao lerem meus relatos, quiserem adotar essa atitude, sugiro começar com uma proposta que conheci recentemente: "Não reclame de nada durante uma semana. Toda vez que você quiser reclamar, arrume algo para agradecer. Então observe se as coisas não mudam para você."

BOA DOSE DE RELIGIOSIDADE

Nossa mãe morreu, nosso pai foi embora, não tínhamos mais como pagar a moça que trabalhava conosco. Só sobrou Deus ali.

Foi Deus purinho na nossa vida. É certo que recebemos algum apoio da família, especialmente dos tios maternos João Aragão Nunes, Miguel Antônio Aragão e Francisco de Assis Aragão, e do tio paterno José Otávio Gomes e Silva. Amigos próximos também se desdobraram para nos acompanhar nessa etapa. Mas foi principalmente em Deus que nos apoiamos e chegamos a um alto grau de intimidade com Ele.

Pense em um homem de fé. Sou eu! Nessa época me agarrei à religiosidade e por muito tempo fui evangélico. Essa foi a base para ser quem eu sou hoje. Seguia todos aqueles rituais da igreja. Apesar de ter estudado em um colégio evangélico, o Colégio Batista Daniel de La Touche, uma das melhores escolas da cidade, só fui me converter quando me encontrei sem pai nem mãe. Foi num culto perto de minha casa. Durante os anos em que estudei no Batista não me interessava pela religião.

Ainda hoje, alimento minha espiritualidade, sou um homem de fé, tenho necessidade de Deus. Todos os dias quando acordo, antes de colocar o pé no chão, eu tenho que agradecer a Deus. Primeiramente, gratidão por tudo. Gratidão porque cheguei aonde cheguei, gratidão pela minha saúde. Não vou mais a igreja nenhuma. Tenho muita dificuldade de me congregar. Tornou-se uma coisa forçada para mim.

Naquele momento, a religião foi a melhor alternativa. A religião nos modula, nos modela. Foi excelente dentro da realidade que eu vivia. Aos 17 anos de idade, cheio de problemas, se chegasse um cara oferecendo maconha para mim, dizendo que isso resolveria alguns deles, eu poderia enveredar por outro caminho e não estaria lhe contando nada hoje. De qualquer forma, diante das responsabilidades que assumi, essa não era uma opção. Não podia fazer isso. A religião funcionou como um freio.

Os ensinamentos religiosos eram de muito valor. Além disso, ainda havia outro atrativo. Na época em que eu me converti, existiam muitos missionários norte-americanos no Nordeste pregando a palavra de Deus. Fui guia desses americanos, frequentava muito a casa deles. Eram casas de madeira que pareciam as originais dos Estados Unidos. Isso me encantava. Aquele modo de vida se tornou uma referência para mim.

A organização e a disciplina dos missionários foi um estímulo para eu correr atrás de suprir as minhas necessidades e as dos meus irmãos. Assim como criar condições para um futuro mais próspero para todos nós. Eu tinha virado arrimo da família. Meu pai recebia uma pensão de salário mínimo após a morte da minha mãe, mas colaborava conosco com um percentual muito baixo. Eu precisava pensar na escola dos meus irmãos, na minha faculdade e em como sustentar a casa.

Procurei um primo de minha mãe, João Pedro, que tem idade próxima a minha. Fomos criados como primos de primeiro grau, éramos muito próximos e sempre estávamos juntos. Seus pais – tios de minha mãe – eram muito bem de vida, por isso sempre o chamei de "primo rico". Desde os 18 anos de idade, João Pedro era professor no colégio onde ele tinha estudado. Graças a ele consegui uma bolsa para fazer um cursinho pré-vestibular lá, o que me ajudou muito.

Passei para Agronomia na Universidade Estadual do Maranhão (UEMA), no ano seguinte à morte de minha mãe. Um ano e meio depois também entrei em Administração, mas não pude cursar muito tempo. Não dava para eu fazer duas faculdades. Precisava trabalhar. Comecei a dar aulas particulares para complementar a renda de casa. Nunca lecionei em uma instituição, mas tive muitos alunos da classe alta de São Luís.

Além disso, eu fazia outros pequenos contorcionismos. Nós tínhamos condição de comer carne todos os dias, mas era carne ruim, de segunda ou terceira. Aprendi a fazer uma transformação com uma técnica que pouca gente deve conhecer. Nordestino tem muitas particularidades! Alguém chegou para mim, ainda garoto, e explicou: "Se você quiser amaciar a carne, bata ela todinha e passe mamão verde em cima. Ele vai penetrar nos sulcos e vai transformar a carne". Se era psicológico ou se era verdade, não sei. Mas passei a achar que a carne estava macia.

Sempre aprendi coisas interessantes pela observação. Eu sou muito ligado nas coisas. Sempre fui. Mesmo depois de passado dos 60 anos de idade, continuo ligadíssimo em tudo. Em qualquer lugar que eu chego, até hoje, observo as pessoas, escuto o que elas estão falando e procuro alguma coisa que sirva para mim. Especialmente agora que virei cronista. Os relatos que escuto são matérias-primas para as crônicas que publico nos jornais. Certamente você já ouviu falar de pessoas que fizeram o curso de oratória. Eu fiz um "curso de escutatória". Gosto de ouvir pessoas.

Outra atitude que sempre me enriqueceu foi estar próximo de pessoas bem mais velhas do que eu. Ainda moleque, já gostava de ajudar os outros. Como tinha alguma coisa para oferecer, era muito acolhido pelos mais maduros. Aos 16 anos de idade, tinha vários amigos com 40 anos anos de idade. Atualmente, tenho muitos amigos de mais de 80 anos de idade. Com os velhos – os velhos sábios – sempre aprendi muito. Não é com qualquer um que se aprende. Há muita gente que ficou velha, apodreceu – em vez de amadurecer – e não aprendeu nada com a vida.

PAI, MARIDO, PROFISSIONAL

Vencida a fase mais dura, pude formar minha própria família. Cinco anos depois de perder minha mãe, encontrei a mãe que queria para os meus filhos. Comecei a namorar Heloisa Helena, minha mulher, em 1980. Nos casamos três anos depois. São quarenta anos juntos, quatro décadas de um aprendizado constante e uma louca vontade de continuar dando certo. Somos tradicionais, não somos da linha do descartável.

Apesar de tantas diferenças de personalidade, Heloisa e eu temos várias semelhanças na trajetória de vida. Nós nos conhecemos na faculdade. Ela não era da minha turma, estava um semestre à minha frente. Heloisa perdeu o pai muito cedo, com 18 anos de idade, logo depois de entrar em Agronomia. Como a família toda se mudou para o Rio de Janeiro, ela tentou transferir o curso para lá, mas não conseguiu. Seis meses depois, voltou para a UEMA e daí passamos a ser da mesma turma.

Quando fizemos um estágio curricular juntos, me aproximei mais dela. Mas só fomos namorar no oitavo e último período da faculdade, que na época era de quatro anos – e não cinco como é hoje. Começamos a namorar em dezembro, quando nós tínhamos 22 anos de idade, e nos formamos em julho do ano seguinte, em 1981.

Assim como eu, Heloisa sempre foi muito ligada aos irmãos: um homem e seis mulheres. Principalmente à segunda irmã mais velha, que foi como uma mãe para ela, e à sua irmã gêmea. Por essas fortes conexões que unem os gêmeos, nosso casamento seguiu o mesmo *script* da irmã. A festa aconteceu no Palácio Guanabara, no Rio de Janeiro, com a contratação até do mesmo fotógrafo.

Ainda recém-casados, por conta do meu trabalho, fomos morar em Pindaré-Mirim. Bucólica cidade do interior do Maranhão, com menos de 30 mil habitantes. Já éramos, os dois, funcionários públicos. Eu, federal, ela, do Estado. Ela conseguiu transferência para me acompanhar. Passamos cinco anos. Para os dois, nascidos e criados na capital, foi um desafio aceitar o marasmo local. Era um lugar onde não tínhamos opções de passeios culturais, onde não tínhamos os amigos da vida toda. Além disso, enfrentamos lá a perda da gestação de uma menina, aos sete meses.

No ano seguinte, voltamos para São Luís. Logo Heloisa estava grávida de novo. Rodrigo, nosso primogênito, nasceu no Rio de Janeiro em 1987. Heloisa escolheu passar uma temporada na cidade maravilhosa para contar com o apoio da mãe e das irmãs no parto e nos primeiros meses. Um ano e sete meses depois, em 1989, nasceu Frederico, nosso caçula. Dessa vez, tudo se deu em São Luís. A madrinha de Frederico é a médica Dra. Samira Maluf Saad Goulart, que realizou o parto induzido para o aborto da nossa menina, uma grande amiga até hoje.

Nesse momento, meus irmãos já estavam bem encaminhados, inclusive o mais novo Luiz Fernando tinha entrado na faculdade. Eu havia formado minha própria família, era pai de dois meninos, tinha um emprego estável com um salário decente, embora não fosse alto. Mesmo com tudo bem estruturado, nunca permaneci na zona de conforto. Sempre fiz um pouco mais. Mantinha outra atividade, outra fonte de renda, que desse para conciliar com meu emprego de perito agrário. Por natureza já era muito organizado em relação a dinheiro. Tinha um controle rigoroso de gastos, pagava todas as contas em dia, e alimentava religiosamente uma reserva.

Eram tempos que demandavam muito cuidado com as finanças. Vivíamos um período de hiperinflação. Dentro dos supermercados, os preços dos produtos eram constantemente remarcados. Quando passava um produto no caixa, esse mesmo item na prateleira já tinha ganhado nova etiqueta com valor superior. As maquininhas da inflação funcionavam a todo vapor.

Foi nos governos Sarney e Collor, muitos planos econômicos, muitas trocas de moeda. Muita instabilidade que só foi resolvida em 1994, com a entrada do Real, criado pelo então ministro da Fazenda, Fernando Henrique Cardoso – e graças a isso se elegeu presidente da república na sequência. Espero que as novas gerações nunca tenham que passar pelos apertos que sofremos.

Essas vivências desenvolveram em mim um mecanismo de defesa. Estoco comida até hoje. Não importa se os produtos estão muito baratos ou muito caros, eu tenho medo de voltar no dia seguinte e não ter dinheiro para comprar o que preciso. Minha despensa está sempre cheia.

Tudo isso era motivo para seguir praticando minha matemática de garantir dinheiro para os custos de vida, para possíveis imprevistos e para a realização de alguns sonhos. Reservei um capítulo inteiro para falar sobre isso com você, caro leitor, amiga leitora. Já disse o Prof. Gretz, um dos palestrantes motivacionais mais requisitados do Brasil e autor de treze livros: "Rico não é aquele que mais tem e sim aquele que menos precisa".

Pobreza, antes de tudo, é um estado de espírito. Gosto muito de uma frase que diz que existem pessoas que são tão pobres que só tem dinheiro e nada mais. O que reverteu essa situação é que sempre fui uma pessoa de olho no futuro. No presente, enxugo ao máximo os gastos, pensando nos dias vindouros.

Tirei o CRECI, registro profissional de corretores, para aproveitar os bons momentos do mercado imobiliário. Vendi muito. Aproveitei também para comprar. Gostava de investir minhas economias em imóveis nessa época. Até que veio o *boom* nacional e os preços em todo o Brasil ficaram impraticáveis.

Aproveitei também o meu gosto por leitura para ganhar dinheiro. Foi o trabalho mais fácil que realizei. Vendi muitas assinaturas de revistas da Editora Abril e cheguei a ser premiado como o maior vendedor de revistas *Veja* da região, com direito a troféu e certificado. Para mim foi como um reconhecimento por eu ter sido desde pequeno um leitor assíduo.

Aos 11 anos de idade, meu pai quebrou e tivemos de passar uma temporada no sítio de meu avô paterno. O sítio oferecia muita história. Ruínas incríveis do primeiro parque industrial planificado do Brasil, fundado pelo português José Antônio Pereira da Silva, entre o fim do século XVIII e início do XIX. Tombada pelo Instituto de Patrimônio Histórico e Artístico Nacional (Iphan), nos anos 1980, a propriedade é conhecida como o "Sítio do Físico" e está aberta ao público por sua importância econômica e social no desenvolvimento da região.

Meu avô, Joaquim Felício Cavalcanti Silva, tinha dentro de casa uma coisa que me despertava muito a atenção: um baú cheio de livros e revistas. Ele era escritor e colaborava regularmente com o *Jornal Pequeno*, mais conhecido como "JP", publicação onde tenho a felicidade de escrever atualmente. Era assinante de revistas de referência daquele momento – *Cruzeiro*, *Manchete*, *Fatos & Fotos*, *Realidade*. Leitura obrigatória para aquele menino curioso que sempre fui. Li muito.

De volta para esse período em que moramos com meu avô, e sem condições financeiras para ir muito além do meu quintal, as revistas e jornais das bancas que eu frequentava regularmente, junto com os livros das bibliotecas públicas, eram minhas portas de saída para o mundo. A Dimap, uma das maiores distribuidoras de revistas para o Maranhão e Piauí, foi meu ponto de parada diário por meses. Local onde, ainda garoto, logo após perder minha mãe, lia revistas que não tinha condições de comprar. Ficava quase duas horas todos os dias ali em pé, devorando notícias e reportagens. Partia já com dor no pescoço. Assim conheci os lugares mais longínquos e diferentes (hoje tenho o orgulho de dizer que mantenho a assinatura de 228 jornais e revistas em quatro plataformas diferentes).

Passados os tempos de vacas magras, por meio da minha profissão encontrei muita oportunidade para conhecer meu país e criar nos meus filhos a cultura de viajar. Meu serviço me oferecia a opção de atuar em diferentes partes do Brasil. Às vezes, passava meses distante da minha mulher e dos meus filhos. Mas havia muitos benefícios nesse esquema de vida. Recebia adicionais por deslocamento e diárias por estar fora da minha cidade. Conhecia diferentes lugares e podia levar minha família para visitá-los também, durante fins de semana prolongados e férias escolares. Realizava meu desejo de viajar e criava nas crianças o hábito de fazer o mesmo.

Antes de existir o aclamado *site* de aluguel de casas entre particulares, Airbnb, eu já dava preferência por alugar ou emprestar imóveis onde me instalava durante a temporada que ficava fora. Curitiba (no estado do Paraná), Salvador (na Bahia), Fortaleza (no Ceará), Natal (no Rio Grande do Norte), Maragogi (em Alagoas), entre outros. Durante os dias da semana, eu precisava fazer meu serviço. De noite e principalmente nos fins de semana, aproveitávamos para fazer programas e passeios juntos.

Minha esposa também costumava levá-los todos os anos ao Rio de Janeiro, onde residia a avó materna e alguns tios e primos. Geralmente passavam de quinze a trinta dias, nas férias de julho. Nem sempre eu podia acompanhar. Mas toda vez apoiei essas incursões.

A cultura de viajar já era parte de nossa família. Até que um caminhão atropelou nossas vidas. Meu acidente aconteceu no primeiro dia das nossas férias de julho. Heloisa, Rodrigo, Frederico e Luiz Henrique (meu irmão, que geralmente era quem conduzia longas distâncias) estavam indo me encontrar em Fortaleza, onde ficariam durante um mês. Eu tinha passado três meses em João Pessoa sem vê-los.

O CAMINHÃO DE MUDANÇA

Era começo da noite de 11 de julho de 2003. Estava na BR-304, na altura de Assu, no Rio Grande do Norte. Tinha perdido o ônibus em Natal para ir a Fortaleza. Tentei por meio de van, ônibus e táxi de linha fazer o mesmo trajeto. Até que o motorista, ao atender o celular, bateu de frente com um caminhão.

Acordei em um assoalho de um Pampa, todo ensanguentado, sem saber o que tinha acontecido. Percebi que tinham roubado quase tudo meu. Tiraram meu relógio, levaram minha mochila.

Só restara meu celular e documentos. Estava perplexo com tudo aquilo. Perguntei-me em voz alta: "Isso é sonho?" Uma pessoa dentro do utilitário me trouxe de volta à realidade: "Isso não é um sonho. Você sofreu um acidente muito grave. Não se mexa. Nós estamos te removendo pra um hospital."

Acho que me deram algum remédio, porque eu não sentia dor. Eu não sentia nada. Não sentia a perna mover. A camisa pólo branca que vestia estava toda manchada de vermelho. Tinha cortado o supercílio, e perdia muito sangue. Minha calça comprida jeans estava toda ensanguentada também. O primeiro médico a me atender em Natal me alertou: "Você não está quebrado na cabeça, não. Está quebrado na perna. Sua perna está esbagaçada." Tomei outro choque de realidade.

Eu tinha uma fratura exposta debaixo da calça, mas ainda não fazia ideia da gravidade do problema. Precisava localizar minha família. Eles estavam na estrada, a caminho de Fortaleza. Eu não sabia como dar a notícia. Nem que notícia dar. As coisas estavam desconexas, precisava falar que não ia mais encontrá-los, e contar sobre a minha situação.

Quando consegui contato, procurei minimizar o problema. Inicialmente disse que só tinha quebrado a perna. Logo em seguida, liguei para um primo meu de Natal, João Carlos Pires Nunes, que é médico. Ele, oftalmologista, conversou com um colega de turma que tinha se especializado em ortopedia. Tudo foi organizado para me remover para Natal, onde esperavam por mim no ITORN, Instituto de Traumatologia e Ortopedia do Rio Grande do Norte. Para ser transferido para lá também recebi ajuda de meu tio materno mais velho, Antônio Carlos Aragão Nunes, Coronel do Exército, que após se reformar fixou residência em Natal com a família.

Fui removido em uma ambulância da prefeitura de Assu muito velha. Deitado, eu via ferrugem por todo lado. Tinha um rapaz muito jovem me acompanhando. Mas lhe faltaram nervos. "Isso me incomoda. Eu vou lá pra frente. Tô com vontade de vomitar. Eu não consigo olhar pra sua perna." Eu só pude responder: "Tudo bem. Pode ir."

Foi uma coisa incrível. Às 19h, eu estava voltando à consciência, todo quebrado, no assoalho de um utilitário. Às 00h30min, estava dentro de um centro cirúrgico com um médico que meu primo encontrou para me atender. Fazia vinte anos que eu não falava com esse primo. De repente, eu bati na porta dele, e ele conseguiu me ajudar. Uma conexão que nunca tinha existido.

A primeira cirurgia pela qual passei em Natal apontou um caminho tenebroso. Além de ser feita uma limpeza no ferimento, na lateral da perna esquerda e na altura do quadril, foi colocada uma placa de platina no meu fêmur. Eu estava bem, estava confiante. O médico tinha dito que eu ia me recuperar, que ia ter de volta o movimento da perna. Garantiu que tinha feito o melhor que podia na operação. Logo que acordei, no dia seguinte, entretanto, minha perna já estava mais grossa do que o meu tórax, sinal claro de que algo não ia bem.

Minha família estava a caminho. Eles tinham mais de sete horas de viagem entre Fortaleza e Natal. Achamos por bem que não pegassem mais estrada no dia anterior. Ia ser um risco desnecessário.

Antes que eles chegassem, o médico me levou de volta para a sala de cirurgia. Sem me informar, retirou a platina e colocou um fixador externo linear. A engenhoca é de visual impactante. Uma armação em aço inoxidável de pinos que atravessam a pele até encostar nos ossos e uma barra transversal que corre paralelamente ao membro fraturado. Sua função era estabilizar meu fêmur. Era pesado. Não tinha força nem para levantar aquele negócio. Precisei permanecer internado na clínica por mais trinta dias. Nunca fui informado da gravidade do problema pela equipe de lá.

"O médico com certeza não tinha saído de casa para fazer nada de ruim. Ninguém entra em uma sala de cirurgia com a intenção de provocar mais problemas", como bem colocou uma amiga de Heloisa, médica também, algum tempo depois. Mesmo sem minha perna ter cicatrizado, fui liberado. Ao consultar o cirurgião se devia ir para São Paulo seguir com o tratamento, recebi a recomendação de permanecer na região. "Isso é coisa mais do Nordeste", me disse. Voltei para a minha São Luís.

Assim que fui recebido por outra equipe médica, em São Luís, comecei a entender a complexidade do meu caso. Para se quebrar um fêmur, é necessário um trauma de alta energia. Um paciente com fratura de fêmur já é um paciente grave. Um paciente com fratura de fêmur e osteomielite é um caso mais grave ainda. Eu tinha desenvolvido uma infecção óssea, a temida osteomielite. Comum e cruel. Saí de Natal com ela, mas o médico não foi honesto comigo. Não soube de nenhuma das complicações por ele.

Passei por nova cirurgia para tirar os pinos e trocar o aparelho. Para fazer novas limpezas, entrava e saía com frequência do centro cirúrgico. Quando se tem osteomielite, os médicos querem fugir. Principalmente o tipo que se instaurou em mim: aguda e crônica. O tratamento é muito difícil e incerto. Ainda assim, eu acreditava que ia dar tudo certo. Mas comecei a aceitar que conviveria com aquele problema da perna por mais tempo do que previa e gostaria.

Aprendi com a experiência que todos que fazem tratamento ósseo sabem o início, mas nunca sabem como – e se – vai terminar... A começar pelos prazos extrapolados. A previsão de ficar meio ano com o fixador externo se estendeu. Triplicou. Fiquei um ano e meio engaiolado.

Os ossos são pouco vascularizados em relação aos demais tecidos do organismo. Eles têm um aspecto próximo ao de uma esponja. No microscópio, pode-se ver que são formados por cavernas interligadas. Esses espaços são extremamente oportunos para a instalação de bactérias e fungos. Por isso, os curativos feitos dentro do centro cirúrgico às vezes não são suficientes para curar a osteomielite. Nesses casos é preciso tomar medidas mais radicais. Como aconteceu comigo.

Algumas coisas extras também aconteceram comigo... A mais bizarra delas: fizeram uma limpeza na minha infecção com água sanitária diluída. Quando os médicos perceberam o que tinha sido feito ali na minha perna, eles mesmos disseram: "Se contarmos isso, vão dizer que estamos mentindo". Imagine então eu, um leigo, contando o mesmo. As pessoas costumam achar que inventei.

Eles enfatizaram: "O colega regrediu. Se alguém fez isso antes, foi no século XVIII, quando não existiam outros medicamentos". Comentaram que era uma coisa que "até" poderia acontecer nos rincões do Nordeste, em algum hospital público por falta de recurso. Mas não nos melhores hospitais particulares de uma capital, o que era o caso. Tudo isso eu passei. Além disso, a perna estava cada vez pior...

Depois de três meses em São Luís, recebi a visita de uma prima de Heloisa, Dra. Maria dos Remédios Freitas Carvalho Branco, conceituada infectologista e professora da Universidade Federal do Maranhão (UFM). Ao ver meus exames, ela nos alertou para a seriedade do meu quadro. Era preciso mudar o tratamento com urgência. Corria o risco de perder a perna. Ela, residente em São Luís, nos colocou em contato com seu irmão, Dr. José Ribamar Carvalho Branco Filho, também infectologista de renome, residente em São Paulo. Na época ele era responsável pelas câmeras hiperbáricas do Hospital São Camilo.

Pedi ao plano de saúde para ser removido para a capital paulista. Obtive a autorização e recebi toda a assistência necessária. Fui em um avião comercial de linha, ocupando três poltronas. Sentado em uma, com as pernas esticadas em outras duas. Saudosa Varig. Um conforto só. Heloisa foi em outra poltrona me acompanhando.

Descemos em São Paulo dia 3 de novembro de 2003. Uma ambulância nos aguardava no aeroporto. Fomos direto para o São Camilo, no bairro de Santana. Quando cheguei, fizemos outros exames e revelou-se a gravidade do problema. "Você chegou no limiar de perder sua perna. Mais quinze dias e seria necessária a amputação. Essa infecção está crescendo, temos que trabalhar para barrá-la. Você precisa ficar em observação por vinte e quatro horas", informou-me Dr. José Branco, que coordenou toda a minha ida para lá e que me acompanhou todo o tempo que estive em São Paulo.

"Ficar em observação" para mim se transformou em uma terrível experiência. Detectaram uma bactéria diferente nos meus ossos, *Staphylococcus aureus*, altamente transmissível. Tive de ser isolado. As equipes médica e de enfermagem só se aproximavam de mim vestidas com roupas de astronauta. Sentia-me como a última das pessoas porque era eu que estava transmitindo doença para os outros. Aquilo foi muito impactante, difícil de aceitar.

Nesse isolamento senti na pele o que é ser altamente discriminado. Foi a única vez que passei por isso na vida. A internação em São Paulo foi a mais longa que tive durante todo meu tratamento. Foi ali onde realizei mais cirurgias. Mas a experiência do isolamento foi o que mais me doeu de tudo. Passei uns três dias chorando. Aprendi na pele que ninguém deve discriminar ninguém, por qualquer motivo que seja.

A etapa seguinte do tratamento foi tomar novos ares! Comecei a fazer sessões na câmara hiperbárica. Um verdadeiro "banho de oxigênio". Eu ficava deitado em uma cápsula hermeticamente fechada sendo "bombardeado" pelo oxigênio mais puro que existe a uma pressão duas ou três vezes superior à atmosférica no nível do mar. Tudo isso aumenta o nível de oxigênio no sangue e acelera os processos de cicatrização. Um recurso muito usado em casos de queimaduras, amputações, cortes profundos e infecções bacterianas ou por fungos.

A manobra foi necessária porque minha perna não cicatrizava. Por eu ter osteomielite, a minha carne ficava semiaberta na lateral e por ali saía o pus da infecção. Além da limpeza celular que acontecia dentro da câmara, a cada três dias eu recebia anestesia geral, e passava por uma limpeza externa no osso com carvão ativado. Para suportar essa fase, que atinge os picos de dor mais altos que o ser humano pode aguentar, recebi a dose mais alta de medicação que existe para combater a dor. Uma bomba de morfina subcutânea foi implantada em mim.

Depois de cem horas de câmera hiperbárica e muitas limpezas com carvão ativado, a coisa tomou outro rumo. Estabilizada a situação, o Dr. Boudewijn J. E. M. Deckers, um excelente ortopedista do hospital, me assumiu. Ele me propôs um novo tratamento, um enxerto ósseo. Raspou-se o osso da minha bacia e outro osso de um banco de ossos de cadáveres. Usando um reagente francês, moldaram um bastonete, que entrou no lugar do trecho do meu fêmur que tinha sido moído pelo acidente.

No total, foram quatro meses dentro do São Camilo. O período mais extenso que fiquei continuamente internado durante meus seis anos de convalescença. Por protocolo do hospital, a cada quinze dias eu tinha que mudar de apartamento por causa das bactérias. Conheci pelo menos oito quartos do prédio. Mas saí de lá com a situação controlada. Sem secreção nenhuma.

Além da demora para se reverter o quadro, outra característica da infecção óssea é ser muito dispendiosa. Como ficou provado ali. Meu plano de saúde pagou R$ 330 mil só de internação e medicação dessa fase, dezessete anos atrás. Hoje seria o equivalente a mais de R$ 1 milhão. Eu tomei os dois antibióticos mais potentes que existiam na época, Invanz e Targocid. Eram como água. Chegava muito pouco aos ossos, pelo fato de serem pouco vascularizados. Além disso, o risco da osteomielite voltar estava sempre presente. Por cinco anos, após parar com as cirurgias e curativos, eu ainda fiquei monitorando para saber se a infecção não voltaria.

Só muito tempo depois disso Heloisa veio saber pela tia, mãe dos dois médicos infectologistas, que eu estava correndo risco de morte. Nem os antibióticos podiam garantir uma proteção efetiva contra uma infecção generalizada ou um choque anafilático. Mas naquele momento não tomamos conhecimento disso. Achávamos que a situação estava sob controle.

Tudo indicava que eu tinha passado para outra fase de tratamento. Mas a infecção voltou novamente. Minha perna esquerda recomeçou a "babar", no jargão médico. Já tinha voltado a São Luís. Um ortopedista recém-chegado ao Maranhão envolveu-se nessa luta. Ele conheceu meu histórico pela minha irmã, dona de uma pousada em Santa Luzia, no interior do estado, onde se hospedou. Ele acionou um médico professor da Universidade Federal do Rio de Janeiro, que tinha conhecido no seu período de residência.

O Dr. Arnaldo Luiz Leon Blum era um dos maiores expoentes da ortopedia brasileira, especializado em medicina esportiva, fixadores externos, biomecânica e fraturas. Ele veio me operar no Hospital São Domingos, o melhor de São Luís, em 2006. Eu não paguei nada a ele pelas cirurgias, foi tudo coberto pelo plano. Eu só ofereci hospedagem e passagens aéreas. Um profissional sensacional. Falecido em 2017.

Por recomendação do Dr. Blum, partimos para uma medida mais extrema. Já tinha passado por mais de 30 cirurgias, e nada de me curar. Era necessário adotar outra estratégia que pudesse fazer efeito de maneira definitiva. Foi preciso tirar o segmento infeccionado do osso, como se estivéssemos exterminando um câncer. Assim a osteomielite seria controlada. Além de tirar o enxerto ósseo que eu tinha recebido em São Paulo, ele cortou a parte debaixo do meu fêmur.

Os ossos têm o mesmo princípio das plantas. Se tiver as pontas cortadas, eles crescem. Fui então "engaiolado" mais uma vez. Outro tipo de fixador externo, de origem russa, foi instalado na minha perna. A criação do médico Gavriil Ilizarov, que dá nome ao aparelho, foi desenvolvida na Segunda Guerra Mundial (1939-1945). Mas só começou a ser usada no Brasil na década de 1990. Seu papel não era somente de estabilizar. Ele tinha a tarefa de estimular meu fêmur a crescer 1 mm por dia. O que, em termos técnicos, é chamado de "fazer o transporte ósseo". Um processo vagaroso e extremamente doloroso.

Todos os dias, meu filho Rodrigo apertava os parafusos com uma chave de boca. Essas de mecânico mesmo. Manipulava o fixador, fazendo ¼ de volta. Dando ao osso estímulo para crescer. Trabalho ingrato. Apesar de saber que estava ajudando, também estava provocando dor.

Todo dia apertava. Todo dia era uma dor nova, uma luta nova. Junto com o osso, cresce tendão, cresce nervo, cresce tudo. Aquela área está viva. Para um adulto, o limiar da dor é diferente. Eu sentia isso nos ossos e na pele. Às vezes, acordava por causa da dor. Às vezes, gritava de dor. Outras, chorava de dor. Tinha dores que nem a morfina acalmava. Rodrigo também estava sempre ao meu lado para aplicar uma injeção e me dar um pouco de alívio nessa hora. Era praticamente um técnico de enfermagem. Quase um médico. Ele se interessava muito pela área. Quis entrar em algumas cirurgias para assistir tudo o que acontecia lá dentro. Cirurgias de trauma são procedimentos muito pesados. Acontecem à base de força bruta. Furadeira, martelo, prego e estaca são alguns dos instrumentos usados. Podem demandar muitas horas – cinco, seis, sete horas. Durante a operação, o paciente anestesiado não sente, mas a dor fica.

Rodrigo narra que, em uma dessas ocasiões, o ortopedista abriu minha perna com o bisturi, chegou até o osso, e precisou quebrá-lo para dar uma oxigenada. Na hora que quebrou, espirrou sangue no seu rosto. Eu não poderia ter visto isso!

Foi doloroso para mim. Foi doloroso para todo mundo que estava ao meu redor. Um tratamento demorado, em que não se via progresso rápido. Depois de muitos reveses, uma evolução literalmente milimétrica. Um sofrimento imenso. Todos sofriam junto. Mas tenho uma personalidade muito forte, sou guerreiro. Tinha meus momentos de tristeza, muito por conta da dor. Uma pessoa com dor não tem como não se abater às vezes. Em pouquíssimas ocasiões pensei em jogar a toalha. Espero ter deixado esse exemplo de perseverança para os meus filhos.

Rodrigo e Frederico eram adolescentes. Viveram tudo isso ao meu lado quando tinham entre 14 e 19 anos de idade. Deixaram muitas coisas de lado para poder cuidar de mim e ajudar a mãe em casa. Foram muito compreensivos e precisaram amadurecer precocemente porque a situação exigia. O apoio deles e da minha mulher foram cruciais para eu poder superar toda essa fase.

Muitas vezes me questionei: "Será que depois desse sofrimento todo, vou ficar bem, ou será que tudo isso aqui vai ser em vão?" Às vezes a cabeça dava uma balançada. A dor era grande. Mas me mantive otimista e positivo. Além disso, me resguardei ao máximo. Não saía de casa, me autoexilei. Estava ciente que olhar uma pessoa com ferro é pior do que ver uma pessoa entubada.

Eu não sabia como sairia desse quadro. Achava que ficaria dependente dos outros. Dependente da minha mulher e dos meus filhos. Achava que não voltaria mais a andar, nem a dirigir. Uma das minhas maiores liberdades é poder dirigir. Eu reconquistei isso. Nem precisa ser em um carro adaptado. Basta ser automático – por não usar a perna esquerda para nada, dá para dirigir normalmente.

Depois de tudo que vivi, em qualquer lugar que vejo uma pessoa usando Ilizarov, paro. Em qualquer circunstância. Paro para conversar com ela. Geralmente é gente muito humilde. Se puder, ajudo de alguma forma.

Tamanho empenho e esforço fez de mim o brasileiro com um dos maiores crescimentos ósseos do país. Eu tenho 16 centímetros crescidos por meio de tração no fêmur e na tíbia. Cada centímetro crescido às custas de muito suor. Suor frio de dor. Dor implacável. Meu caso já foi apresentado em alguns congressos médicos de ortopedia no Brasil. Foi publicado na revista *Hallux*, matéria escrita por um médico que conheci em viagem a Portugal (contarei essa história com mais detalhes em outro capítulo).

Teria alcançado o primeiro lugar em crescimento ósseo do Brasil se tivesse seguido o tratamento até o fim. A proposta era fazer o fêmur e a tíbia crescerem para se encontrarem e formarem um osso só. Do quadril até o tornozelo. Sem joelho, mas sem diferença de uma perna para outra. Mas decidi retirar o aparelho alguns centímetros antes do previsto. Não suportei permanecer por mais tempo.

O prazo inicial era usar o Ilizarov de seis a oito meses. Depois de quase triplicar o valor máximo, eu já não podia mais. Acordar todo dia e olhar para aquele aparelho foi um desafio diário. Quando cheguei ao vigésimo segundo mês, pedi para o médico retirar tudo. Eu ia surtar. Teria um problema a mais: de ordem psicológica.

Preferi lidar com as sequelas. Fiquei com a perna esquerda mais curta que a direita. Como meu joelho esquerdo foi tirado, a tíbia subiu e encostou no fêmur. Então passei a andar na ponta do pé para compensar esse encurtamento. Comecei a usar meus dedos para conseguir certo suporte ao andar. Meu pé passou a ficar apontado para baixo o tempo todo. Por isso meu tornozelo, com o passar do tempo, desenvolveu uma contratura rígida e intensa. Meu quadro denomina-se "pé equino".

Abandonei o tratamento, mas não os cuidados. Sigo com meu médico Dr. Gregorio Francisco Franca Ribeiro Junior há mais de dez anos. Pelo menos uma vez a cada ano, fazemos o acompanhamento para ver como está a situação. Estou consciente que diferentes procedimentos poderiam melhorar bastante minha marcha. Alongar o fêmur. Consertar uma deformidade perto do tornozelo – minha perna esquerda ficou em forma de L. Colocar uma prótese de joelho interna. Mas não quero perder mais tempo parado no hospital. Nem me expor a uma nova contaminação.

Sei que a medicina não é uma ciência exata, principalmente em matéria de ossos. Mesmo com aquela infeliz experiência inicial, mantenho muita confiança nos médicos. Sempre concordei com os tratamentos, mas precisava respeitar meus limites. Antes de interromper o transporte ósseo, só não aceitei duas propostas.

Uma foi amputar minha perna. Por duas vezes, uma em São Luís e outra em São Paulo, foi marcado o centro cirúrgico para amputar minha perna. Em ambas, eu desviei do caminho proposto com os médicos.

No Hospital São Camilo, o Dr. Deckers (o ortopedista), uma psicóloga, e o Dr. José Branco (primo infectologista de Heloisa) fizeram uma reunião comigo. Falaram muito sobre como as próteses modernas eram leves e me dariam total independência. Depois anunciaram que eu comeria coisas leves no jantar porque no dia seguinte aconteceria a amputação. Ouvi tudo e a conversa foi encerrada. Pouco depois liguei para José Branco e disse que não estava muito certo disso. Brinquei que, quando eu fosse à pedicure, queria ver meus dez dedos e não estava interessado em 50% de desconto. Ele disse que a decisão era minha. Fiquei ruminando a ideia por mais um tempo. Então pedi para chamar a psicóloga e informei a ela que não ia amputar a perna. Ela perguntou se eu tinha certeza. Respondi: "Absoluta". Ela falou que eu teria que assinar um termo me responsabilizando por desmarcar a cirurgia indicada pelos médicos. Assim fiz.

Depois de uns dias, o Dr. Deckers entrou no meu quarto e falou: "Então você não quis mesmo amputar a perna. Você é corajoso". Eu respondi: "Não, eu sou medroso. Estou aqui com os ferros e mexo meus dedos e o pé. Não vejo porquê." Ele concluiu: "A decisão é sua. Nós acatamos e respeitamos sua decisão."

Já em São Luís, foi o Dr. Blum que me chamou para uma "conversa de amigo, não de médico". Ele perguntou se eu não queria amputar a perna. "Se eu pudesse dar um conselho, diria para amputar. Você vai ter muito mais mobilidade do que ficar preso às muletas. Se quiser, podemos programar a cirurgia. É uma coisa simples, não é nada de outro mundo", argumentou. Eu respondi que não estava preparado – nem psicológica nem espiritualmente – para perder nenhum membro do meu corpo.

A outra proposta que não aceitei foi a de me aposentar. A junta médica da Universidade Federal do Maranhão veio à minha casa duas vezes para autorizar minha aposentadoria. Essa junta fiscaliza os casos de afastamento dos funcionários públicos por motivo de saúde. Mas eu não quis. Sempre gostei do meu trabalho. Sempre tive prazer em trabalhar.

Em 2010, reassumi meu cargo. Trabalhara trinta anos fazendo avaliação e desapropriação de terras, mas caminhar pelas fazendas, como antes, já era desconfortável e pouco indicado para mim. Foram necessárias algumas adaptações. Mas voltei à ativa, como queria. Passaram-se nove anos até me aposentar. Meu emprego não foi impedimento para realizar os sonhos que surgiram depois. Pelo contrário, manter meu salário facilitou minhas finanças.

RENASCIMENTO PELAS ORIGENS

Depois de vinte e dois meses com Ilizarov decidi que aquilo já tinha me consumido demais. Precisava respirar um pouco. Fazia seis anos que vivia uma rotina de cirurgias, curativos, morfinas, antibióticos, imobilidade e dores. Decidi dar um tempo para mim mesmo e viver a vida como pudesse. Assinei os papéis me responsabilizando pelas consequências de interromper um tratamento e fiquei livre dos ferros em 20 de maio de 2009.

Eu nasci a fórceps. Cheguei nesse mundo a ferros. Quarenta e seis anos depois, voltei aos ferros. Passei muito tempo preso a eles e por eles. Tirar o aparelho foi como um renascimento. Faço minhas as palavras da cantora e compositora Lady Gaga: "Sou meu próprio santuário, e posso renascer quantas vezes quiser ao longo da vida". Depois de sobreviver a isso, queria usar muito bem meu tempo. Melhor ainda do que antes já fazia. Mesmo com uma limitação física, descobri que podia viajar para onde quisesse. Há mais de dez anos rodo o mundo todo. Superação, resiliência. Chame como quiser.

Atribuo ao meu pai minha capacidade de fazer uma bela caipirinha com os limões que recebi da vida. Luiz Magno sabia se reinventar todos os dias. Por mais problemas que tivesse, mantinha o bom humor. Ele superava tudo. Acho que herdei isso. Se no momento em que minha mãe morreu, precisei me munir de todo o senso de responsabilidade e comprometimento que ela me ensinou para tocar a vida adiante, depois do acidente, lancei mão de algumas características de meu pai.

Éramos antagônicos, em vários aspectos. Desorganização e indisciplina, para começar. Muitas vezes disse a papai que ele era um exemplo para mim. "Um exemplo de tudo que eu não queria ser." Mas ele também tinha traços louváveis, como o bom humor. Esse sempre foi um dos maiores pontos de sintonia entre nós.

Ele casou com quatro mulheres, era totalmente irresponsável com dinheiro, tinha um monte de problemas, mas tinha uma fórmula eficaz para não perder sua leveza. "Meu filho, entre um dia e outro, Deus fez a noite. Sabe para que serve a noite? Para zerar nossos problemas. Amanhã é problema novo", recitava.

Aprendi muito com esta frase: "A noite foi criada para zerar problemas". Com essa atitude, ele mantinha sua alegria inquebrantável. Para mim, isso é uma referência. Ficar ruminando problemas representa uma enorme perda de energia positiva e coloca qualquer um para baixo.

Praticamente uma década depois da morte da minha mãe, eu e meu pai nos reaproximamos. Tivemos nossas diferenças, mas não fiquei com mágoa dele. Zero de mágoa. Acredito que temos que construir pontes. Principalmente com os parentes. Meus filhos cresceram com a presença do avô. Eles eram loucos pelo meu pai, porque ele era superengraçado.

Luiz Magno era manso, mas não era uma pessoa de dizer "eu te amo", ou fazer declarações apaixonadas. Mas quando ele foi me visitar pela primeira vez no hospital depois do acidente, tive a prova de que meu pai gostava de mim. Ele chorou e disse: "Queria que tivesse sido na minha perna".

Nos últimos vinte anos de vida dele, nós nos falávamos todos os dias. Eu ligava para ele ou ele me ligava. Quando ele se descobriu diabético, passou a fazer hemodiálise três vezes na semana. Eu acompanhei tudo. Foi sofrido. Mas ele não reclamava. Nunca reclamou de nada. Tenho minha cabeça muito tranquila nesse sentido. Éramos amigos quando ele partiu. No mundo, as coisas vão se processando ao longo do tempo, os sentimentos vão mudando. As dificuldades fazem parte da minha vida. Aprendi que a perda não se supera, se transforma.

Tempos antes de falecer aos 84 anos de idade, em janeiro de 2015, ele vivia internado em hospitais. Uma vez, ao visitá-lo, escutei um diálogo dele com o médico: "Meu filho viaja o mundo todo. Ele é muito viajado." O médico perguntou, entre provocação e brincadeira: "Seu filho é piloto de avião?" Ele respondeu: "Não, meu filho é rico". Virei um ídolo para meu pai. Amor de pai sempre vê os filhos muito além do que são.

Com o passar do tempo, meus filhos dizem que estou ficando mais parecido com ele. Mais brincalhão, extrovertido, sem vergonha de falar. Meu pai gostava muito de contar piada, e hoje eles dizem que minhas piadas são parecidas com as dele. De fato, venho mudando ao longo da vida. Fui me soltando conforme fui crescendo como pessoa e conquistando o que almejava.

Passar por 43 cirurgias, lutar para sobreviver por mais de seis anos, terminar esse período com uma limitação funcional, enfim, viver essa epopeia foi um divisor de águas. Podia ter caído em depressão. Podia ter desenvolvido fadiga crônica. Ou mesmo simplesmente perdido o entusiasmo pela vida.

Ao contrário, isso funcionou como uma mola que me impulsionou a buscar uma forma de viver mais e melhor. Meu antes e depois não aconteceu no acidente. Houve um Luiz Thadeu antes e há um Luiz Thadeu de viajar o mundo. A partir do momento que percebi como me fazia bem viajar, eu me reinventei.

Observar as mais diferentes culturas, conhecer pessoas de todo tipo e origem me faz crescer como ser humano, espiritualmente, e me dá combustível para transformar meu entorno. Outro dia, assistindo a uma entrevista de Nizan Guanaes, escutei dele uma coisa em que eu sempre pensei, formulada com a genialidade que só ele possui. Era algo assim: "Todos nós temos muita gente dentro da gente. Mas não permitimos que muitas dessas pessoas saiam."

Quem saiu de mim, que eu deixei aflorar, era alguém que sempre esteve aqui dentro. Talvez por ter assumido a casa muito cedo, esse Luiz Thadeu mais leve e aventureiro de hoje não teve oportunidade de surgir antes. Como era de uma família humilde, deixei a submissão ser mais forte do que a modéstia por muito tempo. Eu achava que qualquer pessoa era melhor do que eu. Os outros sempre pareciam ter mais e ser mais. Qualquer um.

Fui um menino quieto e fechado. Mas muito sonhador. Desde sempre, dentro de mim, borbulhavam mil pensamentos. Nutria minha mente com muita observação, além de muita leitura. Mas a sensação de inferioridade era mais forte.

Não tinha muita coragem de chegar nos outros, por achar que o outro era mais importante.

A minha formação no colégio teve uma forte influência em tudo isso. Um dos maiores legados que minha mãe me deixou foram meus estudos em um dos melhores colégios de São Luís. Fui o único filho enviado ao Colégio Batista Daniel de La Touche. Era o que existia de mais vanguardista na educação daquele tempo, na minha cidade. Era *top*. Ainda hoje é muito conceituado.

Meus colegas de turma vinham de famílias com posição social e posses. Nessa época, eu era um aluno calado, de poucas palavras, ficava na minha, só observando. Ninguém reparava muito em mim na sala de aula. Não fiz história entre os professores por minhas notas. Nem altas nem baixas. Um pouco acima da média, nada mais. Eu sentava do meio para o fundo da sala, mas não era da turma do fundão.

Não me destaquei por um intelecto brilhante. Não era o garoto bonito que ficava com as meninas da escola. Nem tinha dom para os esportes. Mas soube usar alguns recursos a meu favor. O Colégio Batista era referência em todas as modalidades, menos no vôlei. Os atletas eram beneficiados nas notas. Certa vez, consegui entrar para o time de vôlei. Fiz parte da seleção, era levantador. Como era de se esperar, perdemos feio já na primeira partida dos jogos regionais. Fomos eliminados logo, não precisei mais entrar em quadra. O que não foi uma frustração para mim. Eu não estava preocupado com os resultados, e sim com as notas. Garanti um boletim caprichado.

Minha única marca no colégio eram meus dois dentes da frente, um pouco proeminentes. Era chamado "carinhosamente" de "Dentinho". O que, nos dias de hoje, se enquadraria perfeitamente ao categorizado como *bullying*. As crianças não perdoam. Só por isso eu não era um anônimo total.

Uma das grandes amigas que tive nessa fase, Lys Cunha, costuma dizer que tenho mais futuro do que passado. Porque na infância e juventude fui anônimo. Aquele garoto tímido e introspectivo, que ficava sempre na dele, não participava e só observava, deu lugar a um homem bem diferente. Depois desse tempo todo, ganhei minha marca: sou considerado um cara surpreendente e inovador no meu meio.

Reuni os colegas dos bancos escolares em 2013 para preparar uma grande festa de comemoração dos 38 anos de formatura. Primeiro fomos nos encontrando virtualmente, criamos um grupo de WhatsApp e íamos adicionando os ex-colegas e amigos que víamos por São Luís. Depois em outras cidades, até reunir todos.

Antes da festa fizemos um jantar de confraternização para apresentar nossas novas versões depois de tantos anos de formados. Mesmo morando na mesma cidade, grande parte nunca mais tinha se visto. Foi nesse dia que reencontrei minha amiga Lys pessoalmente. Uma alegria muito grande, sempre gostei muito dela. Tínhamos passado trinta e oito anos sem saber um do outro. Fizemos faculdades diferentes. Fui para Pindaré-Mirim. Ela se casou e se mudou para São Paulo. Passou décadas distante de São Luís. Nem teve conhecimento do meu acidente. Ficou surpresa em saber que aquele "Dentinho", tão tímido, tinha virado outra pessoa que ela agora via com frequência em matérias de jornais e TVs de São Luís. "Como você é surpreendente. Muito bom ver você nessa nova etapa de vida". Então, daquela data em diante, nunca mais nos distanciamos.

Para realizar meus planos de viagem, confrontei outras limitações além da física. Precisei encontrar alternativas que coubessem no meu bolso, porque meu poder aquisitivo nunca foi tão alto quanto minha vivência sugere ser. Estou constantemente a desafiar limites linguísticos.

Meu inglês rasteiro, bem básico do básico, exige que muitas vezes eu recorra a mímicas. Ainda me sinto em vantagem frente ao que vivem os deficientes auditivos. Certa vez presenciei um surdo fazendo compras em uma loja em Mumbai, na Índia. Ele se fez entender por gestos o tempo todo. Entendi ali que tenho a obrigação de conseguir me comunicar da forma que for possível.

Não aprendi línguas na escola, mas o método revolucionário de ensino do Colégio Batista contribuiu muito para minha formação: para que eu gostasse de ler, para que eu gostasse de arte, para que eu me interessasse pelo mundo exterior. Isso fez de mim um cara de vanguarda, com sede de cultura. Meu dinheiro é pouco. Meus sonhos são muitos. Eu quero mais. Nunca me acomodo.

Sempre desejo uma coisa melhor, sempre tenho que ser melhor hoje do que eu fui ontem, porque amanhã eu tenho que estar melhor ainda. Por isso estou sempre antenado com tudo ao meu redor. Eu não gosto de imediatismo. Sempre penso a médio e longo prazo.

Desde garoto eu queria consumir arte, queria conhecer o mundo. O que me levou a visitar todos os principais museus do planeta por onde andei. Entrei em cada um deles com os olhos famintos de conhecimento a contemplar as belezas que já tinha visto nos livros e vídeos. Como bem definiu meu conterrâneo Ferreira Gullar, escritor e crítico: "A arte existe porque a vida não basta".

Cresci em contato com o que existia de melhor na minha cidade e sempre desejei conquistar aquelas coisas, minha ambição nunca foi meramente financeira. Sempre foi por conhecimento, por crescer como profissional e como ser humano. Fiz meu patrimônio porque corri atrás. Aquele menino humilde que não pôde estudar inglês em um país estrangeiro, hoje tem um apartamento na Flórida. Realização de mais um desejo do passado.

Nunca fui pobre na vida, por um período tive insuficiência de recursos. Mas sempre tive a melhor coisa que uma pessoa pode ter: uma mente rica. Uma mente que vai buscar as coisas. Sou feliz por cada sonho realizado. Mesmo já fazendo parte da tribo da terceira idade, minha mente inquieta tem uma grande lista de sonhos por realizar. São pequenas conquistas que não envolvem necessariamente grandes volumes de dinheiro.

O conceito de riqueza para mim é ter tempo para realizar desejos. Se hoje eu sou "rico", não é por questão de cifrões ou posses. É porque tenho tempo de ler na hora que quero. Tempo para fotografar as belezas da natureza, especialmente os entardeceres. Tempo para meditar. Tempo para boas refeições. Tempo para reunir os amigos. Tempo para fazer amor. Tempo para escutar música. Tenho tempo para dormir e nunca perco noites de sono por preocupações. Organizei a minha vida ao longo dos anos, de forma que não devo nada a ninguém. Quando o gerente de banco me liga é para oferecer limite maior no cartão de crédito.

A inveja é uma coisa sensacional, desde que eu não sinta. Deixo essa para os outros. Certo dia, em um dos últimos anos que trabalhei antes de me aposentar, mais de 20 colegas despertaram com a Polícia Federal na porta de casa. Acusados de irregularidades no uso de recursos federais. Alguns falsos amigos buscaram avidamente por meu nome nos jornais do dia seguinte, torcendo para me ver no meio disso. Um em especial acreditava que eu viajava tanto graças a propinas. Mas esse gosto eu não dou a ninguém, porque procuro andar corretamente dentro das leis humanas e divinas.

Nunca furtei nada de ninguém, e não foi por falta de oportunidade. Foi por decência. Não é porque seja mais honesto do que os outros nem porque seja melhor do que ninguém. Sou mais medroso. Eu tenho um nome a zelar. Se quero estar na mídia como um viajante de respeito, não poderia nunca me envolver em algo assim. Sigo fielmente um adágio que aprendi muito cedo nesta vida: quem anda descalço não pode ficar espalhando caco de vidro por onde passa.

Se antes era econômico no trato com outras pessoas que não fossem aqueles com quem mantinha relação estreita de amizade, à medida que fui ficando com mais quilômetros rodados e mais rico em experiência de vida, me senti mais à vontade para contribuir com os outros. Compartilhar aprendizados. Trocar conhecimento e informação. Falar mais, expor mais minhas ideias. Por isso me animei a contar minha história para a imprensa nacional e internacional. Bem como escrever esse livro.

Quero contar minha história para mostrar que as pessoas podem e devem nutrir seus sonhos e ir atrás deles, apesar de qualquer ordem de limitação que tenham. Dificuldades sempre existirão. Mas a vontade de realizar e de criar soluções podem ser maiores do que os obstáculos que se apresentam. Mesmo quando matamos um leão por dia, como as dores com as quais convivo. Nem é preciso ter qualquer habilidade em especial.

Sou a prova viva disso! Sou uma pessoa sem nenhum talento. Não sei nem assoviar! Conheço gente que vive de assoviar na praça. Ganha esmola, ganha mulher. Eu também não sei dançar, não sei nadar, não sei andar de bicicleta. Eu só sabia andar. Mas aí Deus tocou na minha perna e perdi esse talento também. Teimoso, me reinventei andando de muletas pelo mundo. Resolvi enxergar mais as flores do que as pedras no caminho.

Só sigo econômico com os gastos. Estou sempre à procura de pacotes promocionais, encontro bons preços em épocas menos cobiçadas, saio no meio da semana, geralmente. Muitas vezes minha mulher saiu para trabalhar e eu, para o aeroporto. No início, Heloisa não se incomodava. Com o aumento da frequência das viagens me questionou se não podia esperá-la se aposentar. Teve meses que passei apenas três dias em casa, entre minhas andanças.

Minha mulher nunca sabe quando eu marco uma viagem. Esse é um projeto pessoal, e com o tempo ela resolveu aceitar. Conformou-se. Muitas vezes procuro proporcionar viagens a dois para compensar minhas ausências. Já fomos várias vezes aos Estados Unidos, visitamos diferentes países da Europa e alguns da América do Sul.

Nas datas em que consigo viagens baratas, fica difícil reunir a família para me acompanhar. Atualmente cada um tem seus compromissos com trabalho e estudos. Também viajo às vezes acompanhado de um amigo ou parente. Muita gente manifesta o desejo de viajar comigo, mas em cima da hora coloca muitas dificuldades – alega não ter tempo ou não ter dinheiro, principalmente. Se encontro boas oportunidades, por que esperar pelos outros? Estou acostumado a viajar sozinho. Faço muitos amigos pelo caminho.

Quando chego a um lugar, quero andar por tudo, quero explorar. O entusiasmo é tão grande que, nessas horas, minha perna parece voltar ao normal. É o psicológico funcionando a favor. Desaparecem dores e limitações. Minha força de vontade me faz esquecer as dificuldades. Quero fazer o máximo possível de passeios. Quero conhecer o que não visitei ainda. Rever os lugares de que gosto, se já estive naquele lugar. Ou apresentar a cidade, quando tenho a companhia de alguém que está ali pela primeira vez. Quero recuperar aquele tempo perdido no longo período que passei em tratamento.

Parafraseando Jean-Paul Sartre, filósofo reconhecido como representante do existencialismo: "Não importa o que a vida fez de você. Importa o que você fez do que a vida fez de você". Ou nas palavras do Dr. Gama: "Algumas pessoas nunca mudam, passem elas por coisas boas ou coisas ruins. O câncer não muda nada, o infarto não muda nada". Ele, médico, tem propriedade para falar sobre isso. Para Gama, só as pessoas que amadurecem e valorizam as experiências da vida como autoconhecimento acabam se transformando para melhor.

Quando se tem um projeto de vida, um objetivo bem definido, metas estabelecidas, uma agenda realizável e produtiva, consegue-se chegar mais rápido ao destino desejado. É questão de planejamento, organização e foco. Depois do acidente, vivi muito mais do que tinha vivido até ali. Viajei infinitamente mais, conheci mais pessoas, multipliquei meus conhecimentos e não quero mais parar.

MORAL DA HISTÓRIA

No dia do acidente, eu acordei em um apartamento de três quartos de frente para o mar. Eu estava sozinho, abri a cortina. Um amigo meu tinha me cedido esse apartamento. Um mobiliário muito bonito. Bom padrão, bom gosto. Pensei: "Sou um cara feliz. Estou recebendo diária para trabalhar. A minha mulher está chegando com meus filhos. Nós vamos aproveitar nossas férias em família. Muito bom."

Doze horas depois, naquele mesmo dia, fui esmagado pelas ferragens do carro. Acordei no assoalho de um utilitário, todo quebrado, sem saber o que tinha acontecido. Achei que podia ser um sonho. Mas era um pesadelo, que estava só começando. Eu estava tão feliz no início do dia... como encarar aquilo?

É um contraste gritante. De manhã, toda aquela felicidade, a minha vida toda arrumada. No final da tarde, era uma desordem só. Pura incerteza. Eu não tinha noção do que ia acontecer. Poderia ser que eu tivesse quebrado a perna. Poderíamos ter continuado a viagem. Seria o caso de passar um mês com gesso e quem sabe voltar ao que era antes. Só que não. Acabei internado. Minha vida mudou totalmente, para sempre. Só que não posso dizer que para pior.

Lembrar tudo isso para escrever esse livro não mexe comigo. Não me deprime. Não alterou meu caráter, não me deixou para baixo. Não fiquei com amargura, não fiquei com raiva de nada nem de ninguém. Sinto até como se não tivesse acontecido comigo. Você já sabe que eu não sou de ficar remoendo problemas antigos. Já passei muitas coisas ruins na vida, mas passou. Tudo isso contribuiu para eu ser a pessoa que sou hoje.

Não fico sofrendo com o ruim nem sou eufórico com o bom. Primeiro eu luto pelas coisas que quero. Luto mesmo. Sou obstinado. Quando tenho um propósito, busco formas de realizar, me organizo mental e financeiramente. Depois que as coisas passam, perdem aquele valor. Então vou em busca de novos objetivos.

Hoje, olhando para minha história, vejo que quase todos os aspectos mudaram para melhor. Não todos. Porque fiquei com uma restrição. Por mais adaptado que eu esteja à minha condição, tem hora que me irrita. Não consigo fazer algumas coisas básicas que a grande maioria das pessoas faz, como colocar algo embaixo do braço ou simplesmente segurar qualquer objeto na mão e sair andando, porque cai. É péssimo!

Até hoje, dezenove anos depois do acidente, o simples fato de sair de casa com objetos na mão tendo que fechar a porta do apartamento, entrar no elevador, sair dele e caminhar na garagem em direção ao carro é um transtorno. Estar com as mãos ocupadas pelas muletas dificulta segurar e transportar qualquer tipo de objeto. Eu acho essa a pior parte para quem se locomove usando algum apoio. Até as pessoas mais próximas a mim, filhos e esposa esquecem das minhas limitações, não sabem o que eu sinto. Imagine, que uma perna sua está imobilizada, ela não pode ser flexionada, e tente fazer as atividades do dia a dia para sentir um pouco como é minha realidade.

Para me livrar das muletas teria de reiniciar um tratamento, voltar a operar, ficar vários dias de cama e não teria a garantia de que daria certo. Por ter passado seis anos entre saídas e entradas de hospital, intercaladas por algumas internações de longo prazo, aprendi que tratamento ortopédico tem começo, meio, mas nunca se conhece o fim. Já remarquei várias vezes os procedimentos indicados pelo Dr. Gregorio. Embora eu confie plenamente nele, as viagens se tornaram minha prioridade. Os passeios sempre adiam todas as outras coisas.

Para não ficar dependente de cadeira de rodas, aprendi a andar de muletas, andar com dor, mesmo com minha perna em equino. Embora minha perna não tenha ficado perfeita, ela continua aqui. Prefiro andar assim mesmo do que arriscar a passar mais um ano, ou vários, entre cirurgias. O maior risco é minha cabeça não aguentar. Nunca recebi dos ortopedistas uma previsão certeira do tempo de tratamento. Sempre ultrapassava.

Convivo bem com a nova versão do Luiz Thadeu que sou. Aprendi a conviver com meus problemas. Acho até que tenho a cabeça boa. Mas tem horas que não quero falar com ninguém. Tem dias que tiro para me recuperar, só quero descansar. Acalmar meus pensamentos: vou ler, escutar música, fotografar e outras coisas de que gosto. Minha mente é muito acelerada. Sou disléxico. Não tenho foco. Preciso organizar tudo mentalmente para alcançar meus objetivos.

A grande maioria das pessoas não pensa. O ser humano é menos racional do que supõe. Agimos como bovinos. Seguimos a manada. Mas um caminhão praticamente passou por cima de mim. Precisei parar. Esperei a boiada passar. Escolhi um caminho a trilhar. Conhecer todos os cantos do planeta foi a forma que encontrei para me reinventar. Saí do anonimato, deixei minha insignificância para trás e conquistei o mundo.

Sinto que o tempo está correndo rápido demais. Preciso equacionar meus sonhos diante dos anos de vida que me restam. Já passei dos 60 anos de idade e tenho pique de 30. Estou cheio de projetos, enquanto o pessoal da minha idade vive de lembranças, só pensa em se aposentar e se encostar no sofá.

Sentar na poltrona de frente para a TV e ficar me lamentando não está nos meus planos. Não tenho cabeça de velho. Li outro dia: "As pessoas começam a morrer quando substituem seus sonhos por lamentos". Concordo com o pastor e escritor João Chinelato Filho que disse isso.

Agora foi a pandemia que me fez parar com as viagens. No momento em que não podemos mudar a realidade, não resta outra coisa a não ser se adaptar. Permanecerei em casa enquanto este minúsculo vírus, invisível e letal, andar pelo mundo sem pagar passagem, sem precisar de passaporte e sem respeitar regras ou leis.

Estou muito feliz por estar em casa. Não sofro de crise de abstinência por não poder viajar. Agradeço pela saúde de minha família e por ter um teto para morar. Aproveito para descansar das andanças e viajo por meio dessas páginas.

Durante a pandemia acompanhei muitos amigos à distância enquanto se recuperavam da Covid-19. Um deles, Luís Roberto Freitas, tem a minha idade, é aposentado pela Polícia Federal e passou vinte e cinco dias entubado. Saiu sem voz, sem conseguir andar. Ficou desesperado. Passou meses fazendo fisioterapia. Recorreu a mim por tudo o que já passei.

Todos os dias mandava para ele um áudio. Mas anunciei minha condição desde a primeira mensagem: "Luís Roberto, eu não vou falar em drama. Eu tenho horror de drama. Eu não quero que você faça drama na sua vida." E sugeri para ele: "Coloque um objetivo lá na frente. Lute por isso, lute para não morrer e voltar a ser o homem ativo e produtivo que sempre foi".

A maior coisa que existe no mundo é a mente humana. Nela cabe o céu e o inferno. A nossa imaginação é muito grande, temos que escolher muito bem como usá-la. Sou exemplo vivo de que, com pouco dinheiro, certa organização e muita criatividade, é possível realizar a maioria dos sonhos e criar muitos outros.

Vejo a vida como um jogo. Todo dia tem jogo novo. Um dia estamos muito por cima, com dinheiro, saúde, prestígio. No outro, podemos cair lá para baixo. Aí vamos jogando para reverter o que não desejamos. A nossa mente é o que dirige tudo.

Estou continuamente correndo atrás do que quero e resolvendo pendências. Tenho por princípio estar sempre preparado para as coisas boas e inesperadas que podem me acontecer. Aprendi isso ainda jovem em um programa que vi na televisão: uma equipe estava em um *shopping* oferecendo uma viagem grátis com tudo incluído para quem quisesse. Uma semana em Nova York. Só havia duas condições: era preciso ter um passaporte e disponibilidade imediata. A pessoa sairia direto dali para o aeroporto, pegar o voo.

Eles abordaram muita gente. A maioria não podia viajar. Não podia porque tinha um problema para resolver. Um tinha dívida, outra tinha o pai para cuidar, teve quem ficou por falta de remédio, sei lá... Apenas uma mulher bem jovem disse: "Eu vou". Ligou para casa, entrou no carro da produção e seguiu viagem. Pronto. Foi embora, uma semana com tudo pago na Big Apple.

Quando vi aquilo, tirei uma lição: tenho que estar sempre preparado, livre para coisas extraordinárias que podem bater à minha porta. Se hoje não estou colocando meus planos em execução, tenho que diminuir as minhas pendências. Os bons resultados da vacinação em massa estão se tornando realidade e estou esperançoso pelo momento de usar as passagens que tenho compradas e pagas. Costa Rica, Estados Unidos, Grécia, Itália, Japão e Ilhas Galápagos, só para começar... Além de duas voltas ao mundo. Você vem comigo?

CAPÍTULO 2
Fronteiras pessoais

"A vida não passa de uma hospedaria onde é preciso estar sempre com a mala pronta."

Charles Labitte (1816-1845),
historiador e crítico francês

Somos seres de travessia, nunca permanecemos estáticos! Escutei essa reflexão em um momento solene. Era a missa de sétimo dia de uma personalidade política do Maranhão. Fiquei maravilhado. Aqui chegamos sem saber de onde viemos, partimos sem saber para onde vamos. O mistério da vida a torna mais bela e excitante. Que nunca nos falte estímulo para buscar o que queremos. Porque o ser humano só é pleno quando está em movimento, em transição, em transformação.

Repensei toda a minha vida a partir dessa perspectiva. Pareceu-me uma afirmação tão verdadeira não só pelo meu intenso trânsito pelo mundo nos últimos dez anos. Mas por outros vários episódios que aconteceram antes.

Cheguei a essa vida por um parto complicado. Não foi uma aterrissagem normal, talvez porque não quisesse deixar minha zona de conforto e encarar um mundo novo. Saí da barriga de minha mãe a fórceps. Meu desembarque não foi fácil. Minha mãe teve eclâmpsia e quase morreu. Conseguiu ainda ter mais cinco filhos. Na sétima gestação, não resistiu, sofreu um infarto fulminante enquanto dormia.

Minha travessia para estrear no mundo foi um tanto traumática. Venho reeditando essa experiência ao longo da minha vida.

Estou sempre em movimento. Atravessando de um lado para outro. Comecei atravessando meu estado e o país. Mais recentemente, estendi meu traçado ao globo terrestre. A proposta de percorrer o planeta só nasceu depois da minha primeira viagem à Europa com meus filhos, tempos depois do acidente. Mas o gosto por viajar vem desde pequeno.

Ainda criança viajava por meio dos livros, da imaginação e das histórias de vida que escutava. Desde os 11 anos de idade, eu me correspondia com estrangeiros. Quando moramos uma temporada no Sítio do Físico e tive acesso às grandes revistas de circulação nacional como *Cruzeiro*, *Manchete*, *Fatos e Fotos* e *Realidade*, vi que elas publicavam sempre uma relação de pessoas que queriam se corresponder com brasileiros. Havia a fotografia delas e o lugar onde moravam. Qualquer um podia escrever para elas. Eram as redes sociais da época. Troquei muitas cartas desse tipo. Contava que era um garoto do Nordeste, que tinha vontade de morar fora etc...

Todas as vezes que podia, realizava-me subindo ao jipe com meu pai para ir ao interior maranhense. Como agente estatístico do Instituto Brasileiro de Geografia e Estatística (IBGE), ele precisava circular pelo Estado com alguma frequência. Gostava muito de acompanhá-lo.

Aos 15 anos de idade, em 1973, cruzei a fronteira do estado. Tive a chance de ir a Fortaleza com um primo. Fiquei admirado com a capital cearense por suas belezas naturais e pelas dimensões bem maiores que minha São Luís. Encontrei lá, por puro acaso, um amigo meu do Colégio Batista, Pedro Ney Chagas Lima. Ele me hospedou por um mês em sua casa, durante as férias. Aos 16 anos, revisitei a cidade para prestar concurso para piloto na aeronáutica. Queria muito seguir a carreira. Não passei, então não pude lá me instalar.

Quase um mês antes de fazer 18 anos de idade, minha mãe morreu. No ano seguinte, passei no vestibular para Agronomia, na Universidade Estadual do Maranhão (UEMA). Não precisei mudar de cidade para cursar a faculdade. Mas segui em movimento. Ampliei meus horizontes pelo Brasil afora.

Durante o curso, participei de dois programas federais de intercâmbio estudantil, o Projeto Rondon e a Operação Mauá. Viajei bastante pelos dois. No Projeto Rondon, íamos a campo para prestar atendimento a populações carentes, aplicando um pouco do que estávamos aprendendo na faculdade.

Na Operação Mauá, éramos mais espectadores. Visitamos grandes empresas brasileiras, referências pelos saltos tecnológicos que tinham proporcionado ao país. Em ambos projetos, éramos voluntários e não gastávamos com hospedagem, refeições, com nada. Conheci muito do país nessas oportunidades e ouvi muitas histórias de vida diferentes.

Ainda durante a faculdade, trabalhei como recenseador do IBGE. Participei de dois censos demográficos e de outros levantamentos menores. Quem se dispunha a percorrer o interior recebia adicional. Eu, claro, sempre me oferecia. Logo me tornei coordenador de equipe, ganhava mais. Trabalhava com planilhas em papel. Eram milhares de perguntas. Aprendi a fazer o trabalho muito rápido. Ganhava por produtividade. Fui campeão disso! Recebi um reconhecimento como um dos cinco maiores recenseadores do Maranhão. Conheci mais lugares do meu estado e ainda mais histórias.

O primeiro pagamento que recebi atuando como engenheiro agrônomo foi reservado para algo especial. Uma viagem, um sonho! Havia muito queria conhecer o Rio de Janeiro. Fui com José Alberto Aboud, um amigo da faculdade, abastado. A família dele tinha uma das melhores casas de São Luís e um bom apartamento na Zona Sul do Rio. Eu era um garoto simples, sem posses. Convenci-o a ir comigo de ônibus, da Viação Itapemirim. Eu queria companhia nas cinquenta e oito horas de estrada. Ele passou a maior parte do trajeto reclamando, arrependido por não ter ido de avião.

Pegar um avião, naquela época, parecia um sonho distante para mim. A oportunidade chegou voando muito antes do que eu esperava. Sempre atrás das oportunidades, ainda universitário, fui escolhido para ir ao Congresso Internacional de Botânica, em Brasília. Primeira vez que andei de avião, passagem paga pela faculdade. Aquela experiência foi coroada com um Prêmio Nobel. Conheci Linus Pauling, Nobel de Química e da Paz, com quem tive a chance de conversar, com a intermediação de um tradutor.

A vivência internacional veio quando eu já era formado e trabalhava como perito agrário. Meu primogênito Rodrigo já era nascido. Fui para Buenos Aires com meu irmão, Luiz Henrique, Aboud e sua esposa, Tânia. Foi nossa primeira viagem para o exterior. Mesmo esse amigo, de família tradicional do Maranhão, com recursos para tal, nunca tinha saído do Brasil.

Como perito agrário, inicialmente conheci a fundo o interior do meu estado. Mudei com minha mulher, recém-casados, para Pindaré-Mirim e de lá partia para percorrer o sertão maranhense. Mais tarde, já de volta a São Luís, apliquei a mesma tática de recenseador no meu emprego de perito. O Maranhão tinha uma das maiores superintendências do Brasil, com o maior número de engenheiros agrônomos. Quando faltavam profissionais da área em outros estados, nós podíamos nos mover para prestar assistência.

Estava sempre a postos para trabalhar fora da minha cidade. Muitas vezes eram semanas, outras, meses. Passei por Alagoas, Bahia, Ceará, Minas Gerais, Pará, Paraná, Pernambuco, São Paulo e Tocantins. Tive a oportunidade de conhecer muitos lugares e, economizando as diárias que recebia, podia organizar a viagem de minha mulher e filhos para onde estivesse alocado.

Em 2003, eu estava no Rio Grande do Norte, dentro de um táxi, a caminho de Fortaleza, quando sofri o acidente que contei em detalhes no capítulo anterior. Fui removido para Natal. De Natal voltei para São Luís. Também tive uma temporada de tratamento em São Paulo. Até mesmo durante uma fase em que estava jogado na cama e em leitos hospitalares, fui compelido a atravessar o país.

Sou um ser de alta transição, mas precisei ficar muito tempo parado. Mais tarde, Heloisa, minha companheira há quarenta anos nessa jornada da vida, diria que esse tempo de paralisia serviu para "me dar corda". Como nos relógios antigos, que o girar dos ponteiros dependia dessa mecânica, produzindo reserva de marcha suficiente para que funcionassem por muitos dias. Mecanismo desconhecido das novas gerações. Invento revolucionário antes do surgimento das baterias e da energia elétrica.

O período de convalescença me levou a achar que eu tinha perdido minha mobilidade. Quando comecei a fazer cirurgias, eu não sabia como seria minha vida. Primeiro, eu estava brigando para não morrer. Segundo, para não ficar louco. Meu foco foi salvar minha mente para que ela fosse sempre mais produtiva. Lá na frente, eu saberia o que fazer com ela. Sentia naquela fase que devia permanecer quieto.

Fiquei muito recluso. Não tive vida social. No total, foram mais de três anos usando o Ilizarov, aquele enorme aparelho em torno da minha perna esquerda inteira – da bacia até o tornozelo. Em qualquer lugar que eu fosse, minha presença escandalizava. As pessoas ficavam olhando para aquele objeto na minha perna. Ficavam me olhando, com olhar de muita pena. Detestava isso. Eu não ia nem a aniversários de pessoas queridas. Nunca ia a nada. Preferi o autoexílio.

Retirei os ferros no mês de maio de 2009. Inicialmente fiquei em cadeira de rodas até aprender a andar de muletas. Levei um tempo para ganhar firmeza e confiança em mim. Não tinha segurança para atravessar a rua de casa. Eu ainda me sentia sem movimentos. Mas podia ajudar meus filhos a fazerem suas travessias. Em agosto, mandei meu caçula, Frederico, para a Irlanda.

Foi como realizar um sonho antigo. Por volta dos meus 15 anos, muitos amigos foram para os Estados Unidos fazer intercâmbio. Suas famílias tinham condições de sobra. Eu não pude ir, mas me organizei financeiramente para proporcionar essa experiência aos meus. Frederico foi morar seis meses na capital Dublin para aperfeiçoar o inglês.

Na convivência com os brasileiros que moravam lá, viu que vários deles recebiam a visita dos pais. Ele se informou sobre as questões de vistos, custos de permanência e lugares interessantes para conhecer. Decidiu, então, fazer a proposta que me traria ânimo novo. Sem nem imaginar as dimensões que isso tomaria.

"Venha, papai, que já está na hora de sair de casa", me incentivou. "É preciso aproveitar as oportunidades." Inicialmente resisti. Senti medo. Nesse momento eu ficava muito feliz se conseguisse ir à praça em frente ao prédio onde moro. Mal atravessava a rua de casa, como ia atravessar um oceano? E se acontecesse algo ruim comigo no exterior? Como eu e minhas muletas seríamos tratados lá fora?

A resistência inicial foi vencida pela argumentação de Frederico. "É preciso aproveitar as oportunidades." Ele já mostrava suas habilidades para o Direito – carreira que o incentivei a seguir. De qualquer forma, não foi uma tarefa tão difícil. Uma viagem para a Europa é um atrativo bastante grande.

Em outubro de 2009, seis meses depois de me libertar do Ilizarov, fui ao encontro dele. Contei com todo o apoio e a companhia de Rodrigo, meu filho mais velho. A viagem envolvia duas paradas. Saímos de São Luís, fizemos escala em São Paulo e conexão em Paris para, finalmente, chegar a Dublin. Era inverno na Europa. Época de neve. Na escala em Paris, o avião estacionou na remota, ou seja, fora do *finger* (aquelas pontes de embarque que fazem a ligação entre o terminal do aeroporto e a porta do avião). Não fui recebido com a comodidade de uma ponte telescópica, que interliga o avião ao terminal. Foi meu batismo!

Batismo para aquele sujeito que não tinha nenhum tipo de confiança em atravessar a rua. Para aquele Luiz Thadeu que ficou um ano sem conhecer o próprio apartamento por inteiro, sem coragem para enfrentar as escadas de casa. Tive que descer as escadas para sair daquela aeronave, caminhar por uma pista tomada por neve e uma fina camada de gelo altamente deslizante. Desci feito um abestalhado. Nordestino besta que não sabia de nada. Neve eu já conhecia, já tinha visto. Ainda não conhecia o *ambulift* (mas essa história fica para outro capítulo). Um forte impacto para a primeira parada. Andar de muletas numa pista naquelas condições foi enfrentar um alto risco de queda. A viagem podia ter terminado ali.

As três semanas seguintes transcorreram muito melhor do que aquela estreia. Nossa programação, feita com antecedência por Frederico, foi toda cumprida. Bastante corrido! Passávamos três dias em cada lugar... e que lugares! De Dublin fomos para Paris, de lá para Barcelona, depois Roma, Vaticano, Veneza e Londres. De Londres para Berlim, e de Berlim voltamos para Dublin. Pouco tempo para curtir cada uma dessas cidades incríveis. Ficou o sabor de quero mais.

Passamos por sete países em uma só viagem. Fui iniciado nas aventuras de mochilão. Não que eu tenha andado com todas as minhas coisas nas costas por tantos lugares. Mas todo o resto seguiu o esquema mochilão: ficamos em albergue, pegamos voos de baixo custo em aeroportos afastados na madrugada adentro, usamos o transporte público, comemos em restaurantes simples e locais... Combinação que meus filhos definem como "viagem de jovem". Nas minhas palavras: um estilo de viagem econômica e em família. Afinal, eu estava pagando para nós três.

Fizemos o máximo dos percursos a pé, por opção. No final do dia estávamos mortos de cansaço. Eu mais, lógico. Pela idade e pela posição que fico sobre as muletas. Conseguimos ir a tudo. Conseguimos ir longe. Fizemos direitinho essa viagem. Eu não caí. Não tive problema nenhum.

Senti um medo normal de quem nunca tinha estado em uma façanha desse tipo. Medo de perder o avião, de pegar o metrô ou trem errado, medo de que acontecesse algo ruim a qualquer um de nós. Medos que tenho até hoje. Mas nenhum medo por conta da limitação física. Nenhum medo que tenha me impedido de seguir em frente.

Posso dizer até que fui abençoado nesse início. Coincidentemente o dia reservado para a visita ao Vaticano era o último domingo do mês. Não sabíamos, mas é a data em que as portas da Santa Sé, sede da Igreja Católica Romana, são abertas para os visitantes de forma gratuita. Lá fomos nós aproveitar a oportunidade! Domingo chuvoso, muita fila. Observava tudo e todos ao meu redor. Impossível não perder algum tempo olhando a indumentária da Guarda do Papa. Listras, colorido, bufões nos braços e nas pernas. Achei que um deles estava implicando comigo, até que ele veio em minha direção. Mas não era para me repreender, era para nos convidar a entrar.

Por conta das muletas, fomos colocados em um elevador privativo. Descemos dentro da Capela Papal e nos sentamos de frente para o altar, onde o papa Bento XVI celebrou uma missa. Após a cerimônia, ele cruzou o corredor central andando com certa dificuldade, por sua idade avançada, apoiado por seu báculo. Nos pés tinham sapatos de veludo vermelho, da Gucci. Não sei bem qual era a ocasião especial para tal missa que celebrou. Não sou católico e não conheço muito dos cerimoniais da religião, mas estar na presença de um papa é sempre algo digno de nota. Uma bênção para minha retomada de vida.

TURBINAS LIGADAS

Quando voltei a São Luís, concluí comigo mesmo: "Dá para viajar pelo planeta. O mundo me acolheu muito bem de muletas." Quebrei todas as barreiras. Atravessei as fronteiras mais importantes, as internas. Descobri que tinha capacidade de andar por onde eu quisesse. Fui inundado por uma deliciosa sensação de superação. Tudo isso, somado ao meu gosto por conhecer culturas e pessoas, despertou em mim a vontade de viajar mais e mais.

Em dezembro daquele mesmo ano, 2009, Frederico voltou para o Maranhão, no intuito de retomar a faculdade de Direito. Tinha cursado o primeiro semestre antes do intercâmbio, mas não estava mais no clima das salas de aula. Veio conversar comigo e chegamos à conclusão de que podíamos aproveitar o ano seguinte para viajarmos juntos. A faculdade ficaria para 2011. Os estudos acadêmicos são importantíssimos, sem dúvida. Mas há muito para se aprender e desenvolver conhecendo o mundo. Vivências que nenhuma instituição pode oferecer.

O ano de 2010 foi quando meu hodômetro mais rodou. Além de ter um fiel companheiro, não tinha restrição de tempo. Frederico também não. Estava com total disponibilidade para me acompanhar. A faculdade estava trancada. Contribuindo com isso, Rodrigo tinha ido para Europa. Foi a vez dele de fazer intercâmbio. Escolheu Dublin também. Permaneceu por muito mais tempo que o irmão. Ao todo 20 meses, de 2010 a 2012. Aproveitamos mais um tempo a capital irlandesa como base para muitas outras viagens.

Estava de volta ao meu emprego desde 2010. Fora afastado do trabalho de campo, função que exerci por vinte anos. Assumi um cargo de revisão dos laudos elaborados pelos colegas. Todas as planilhas, todos os cálculos, todos os relatórios. Serviço de escritório, tudo no computador. Grande mudança na minha forma de atuação. Por conta da minha questão de saúde, houve uma flexibilização no meu caso. Passei a trabalhar de forma remota.

Podia fazer as revisões de casa ou de qualquer lugar do mundo. Só precisava reservar tempo para o trabalho. Aproveitava as esperas em escalas, organizava horários que não comprometessem meus passeios para cumprir os prazos. Sempre atento aos fusos. Podia me beneficiar ao máximo das promoções, que não costumam permitir planejamentos com antecedência e geralmente fogem das datas mais disputadas. Com a intensidade das viagens, nasceu em mim o viajante profissional, sempre de olho no calendário. Qualquer final de semana prolongado era motivo para passear. Também aprendi a fracionar minhas férias de trinta dias em três períodos diferentes do ano e assim viajar muito mais.

Ficamos quarenta e cinco dias fora, numa outra oportunidade, quinze dias, em outra, na seguinte três semanas, talvez. Frederico se empenhou em viver muito bem essa fase. Fazíamos uma boa dupla. Eu ficava focado em buscar promoções, fosse de passagem, pacote ou hospedagem. Ele planejava todo o resto. Pesquisava em *blogs* em português, inglês e espanhol informações e dicas. Mostrava para mim os roteiros e eu sugeria encaixar um destino aqui ou ampliar o tempo de estadia ali.

Uma das viagens mais inesperadas que fizemos foi no início de 2012. Íamos passar o Carnaval em casa. Achava que ia pular do sofá para a cama e da cama para a rede. Aguardávamos a vinda de uma amiga, recém-enviuvada de um grande amigo meu. Duas semanas antes das datas oficiais da folia, estava sentado à mesa, de manhã, conversando com minha esposa. Escutei Frederico me chamar do quarto, em um tom que deixava claro que vinha com boas notícias. Entrou na sala enlouquecido. Anunciou: "Papai, vamos pra Rússia!" "Vamos! Mas como é que nós vamos pra Rússia?" "Nós vamos sair de São Paulo pra Espanha. De Madri direto para a Rússia." No Rio de Janeiro fazia mais de 40 graus. Em São Luís, estávamos na casa dos 35 graus. Chegamos à Praça Vermelha, em Moscou, com 15 graus negativos. As passagens custaram R$ 1,89 mil, por pessoa, ida e volta.

Com Rodrigo, a melhor promoção que pude aproveitar foi para o Japão, também em 2012. Ida e volta: R$ 1,8 mil por pessoa. Dessa vez incluía ainda o hotel. Seis dias ao todo, quatro noites em Tóquio. Andamos muitos distritos, como são chamados os bairros na capital japonesa. Não foi "apenas" conhecer o outro lado do planeta. Foi conhecer outro mundo, outra civilização.

Pouco tempo depois que Rodrigo voltou ao Brasil, o novo ponto de partida internacional passou a ser Orlando, nos Estados Unidos. Era 2012, Rodrigo pensava em se instalar no país e eu, levado por uma oportunidade de negócio, fui realizar um sonho: comprar um apartamento nos States.

Rodrigo viajou comigo para fechar o negócio. Descemos em Miami e fomos para Orlando de carro. O dinheiro foi na frente, por meio de transferência eletrônica para uma conta nos Estados Unidos, tudo dentro da lei. O corretor de imóveis, um jamaicano casado com uma brasileira do Ceará, fez toda a intermediação com a então proprietária, uma senhora irlandesa.

Tudo foi resolvido no próprio condomínio. Não envolveu cartório. Foi o próprio síndico que mediou a assinatura de compra e venda. Entreguei um cheque para a senhora fazer o saque ou o depósito na conta dela. Na mesma noite já nos instalamos ali. Foi um sonho realizado. Passei a ter um apartamento nos Estados Unidos que, em muitos aspectos, lembra aquela casa dos missionários gringos que eu frequentava quando era evangélico.

Estava bem equipado. Tinha ar condicionado central, geladeira, exaustor, microondas, sofá, cama, armários embutidos e até utensílios de cozinha. Ficamos cinco dias naquela ocasião dando minha cara ao apartamento. Foram muitas visitas à fantástica loja sueca Ikea. Para um apaixonado por bons preços e utilidades domésticas com estilo como eu, não existe lugar melhor. Já voltei muitas vezes e espero passar uma temporada nessa minha segunda casa em algum momento.

Frederico ainda seguiu comigo até 2014, quando retomou o curso de Direito. Foram tempos de muitos embarques e desembarques. Visitamos África do Sul, Argentina, Chile, Egito, Emirados Árabes, Etiópia, Estados Unidos, Grécia, Marrocos, México, Sri Lanka, Turquia, Uruguai e 46 países da Europa. Muitos quilômetros rodados, pai e filho juntos.

Quando me dei conta de que tinha pisado em 40 países, passei a estabelecer metas. Com Frederico, cheguei a conhecer 80 nações. Então, cada vez que batia a meta, dobrava a meta, ao melhor estilo Dilma Roussef. A presidenta do Brasil nessa época (2011-2016) era conhecida por declarações confusas. Muitas vezes incongruentes, mas que fazia todo sentido para o que eu vivia então. "Não vamos colocar meta, vamos deixar a meta aberta, mas quando atingirmos a meta, vamos dobrar a meta!", disse em um discurso que viralizou na internet.

De tantas experiências sobre o globo, nasceu um de meus *slogans* de vida: "Terra, aproveite enquanto estiver em cima dela." Depois que você descer, ficará estático. Nunca mais vai mexer. Enquanto nós estamos em cima dela, temos que ser como peões. Temos que rodar e circular.

Acredito tão forte nisso que quando Frederico foi tocar a vida dele – faculdade, namorada (hoje esposa), escritório – e parou de viajar comigo, não me abalei. Segui em frente com a minha vida e com as minhas metas. Continuei viajando, pois o objetivo de conhecer o mundo é meu.

Continuei sendo "um caçador de oportunidades", como Rodrigo me define. Ao encontrar uma passagem muito boa e um hotel que caiba no bolso, não deixo que me escape. Promoções imperdíveis demandam gatilho rápido. Antes que qualquer um possa confirmar se irá me acompanhar, já garanto minha viagem.

Sem dúvida, muita coisa mudou para mim. Quando eu estava com Frederico, fechava os olhos e me deixava levar. Ele sabia tudo. "Papai, tu vai dormir 8h. Amanhã, às 4h30min da manhã, o táxi vem nos pegar aqui." Ele me assumia. Era como se eu fosse o filho dele. Eu não me preocupava com nada, nada. Nem com o que ia comer.

Sozinho eu passei a ter de ficar ligado em tudo. Sozinho eu fico neurótico. Preciso estar atento a horários, caminhos, todos os detalhes. Não posso perder a hora do voo, do trem nem dos albergues. Às vezes os *hostels* têm horário de entrada e saída, não são como os hotéis com recepção 24 horas. São esquemas bem diferentes.

A princípio, Frederico se preocupou muito por eu seguir em voo solo. Passava-me listas de instruções das mais variadas. Até hoje, ele segue envolvido com minhas investidas pelo mundo. Desde a decisão da compra de uma passagem ou pacote – às vezes, fico tentado pelas promoções –, mas Frederico me traz de volta à razão. Ele também me ajuda a montar roteiro, pensar nos deslocamentos. Pesquisa algumas coisas sobre o destino. Descobre os preços que vou encontrar, sugere as formas de me deslocar, aponta os detalhes culturais a que devo me atentar. Frederico continua sendo meu GPS, meu Google e meu tradutor – o faz tudo.

A qualquer lugar que chego, me conecto e converso com ele. Meu filho já resolveu muitos perrengues para mim à distância. Ainda acontece com alguma frequência. Se tento resolver as coisas e não consigo, principalmente por falta de manejo de outras línguas, ligo para Frederico. Seja a hora que for. Inclusive de madrugada, por conta da diferença de fuso horário. Ele sempre resolve na hora. Às vezes não é a solução que eu mais gostaria. Mas é sempre a melhor solução que ele encontrou.

Quando desembarquei em Daca, capital de Bangladesh, em 2018, não consegui entrar por falta de visto. O *site* que consultamos antes da viagem dizia que não precisava de visto. Chegando lá descobri que as regras eram outras. Liguei para ele em meio ao impasse. Frederico falou diretamente com o agente da imigração. Conseguiu me encaixar em voo para Singapura, que seria o próximo país do meu itinerário, e que não demandava visto. Eu só tinha um intervalo de seis horas para estar ali. Um tremendo sufoco.

Também recebi um grande apoio emocional do próprio chefe da equipe de imigração, Faruque Ahmed, que além de liberar a internet para eu poder contactar Frederico, me acompanhou na espera pelo voo, me pagou um jantar dentro do aeroporto. Faruque foi muito solidário comigo. Ele ficou envergonhado em ter de me extraditar. Mas não podia resolver de outra forma, porque é uma lei. O Brasil não tem acordo de imigração com Bangladesh. Eu deveria ter tirado a documentação em Brasília. Toda hora ele repetia: "Sorry, sorry, sorry" (Desculpe, desculpe, desculpe). É meu amigo até hoje. Às vezes nos falamos pelo Messenger. Não tem um aniversário meu e de Frederico ou Natal que ele não mande mensagem para nós.

Até mesmo depois da viagem, em alguns casos, continuo contando com a assessoria de Frederico. Na minha última aventura de 2020, antes da pandemia do novo Coronavírus imobilizar a todos dentro de casa por intermináveis meses, uma grande companhia aérea sumiu com as minhas muletas. Decidimos entrar com uma ação contra ela. Foi a primeira vez que o escritório de advocacia de Frederico trabalhou a meu serviço. Eu já "trabalho" muito pelo escritório. Já fiz muitas indicações a amigos. O boca a boca é infalível. Questões referentes a viagens e companhias aéreas acabaram se tornando o carro-chefe do escritório.

Antes disso, quase todas as questões que surgiram foram resolvidas na hora. Bastou apresentar uma reclamação para a empresa ou agência. A única exceção, até o sumiço das muletas, aconteceu no nosso primeiro ano de viagem. Precisamos apelar para a justiça, e Frederico mal tinha iniciado a faculdade.

Foi em uma das viagens mais longas que fiz até hoje, quarenta e cinco dias. Visitamos 11 países europeus, além do Marrocos, na África, e Dubai, nos Emirados Árabes. Fomos surpreendidos pela entrada em atividade do vulcão da Islândia, Eyjafjallajökull. Nome impronunciável. Deixou a todos sem palavras e sem destino. Não pudemos conhecer a Holanda e a Escócia nessa ocasião.

Os três dias que tínhamos programado para Genebra se tornaram oito. Polo europeu de organismos internacionais – ONU, OMC, Médicos Sem Fronteiras, Cruz Vermelha –, é uma cidade linda e organizada, mas caríssima. Impactou nosso orçamento.

Para completar o caos, de Londres fomos para Dubai. Eu era louco para conhecer essa icônica cidade dos Emirados Árabes. Íamos tirar o visto na entrada. Quando descemos em Dubai não pudemos entrar. Nessa época era preciso tirar a autorização previamente no Brasil. Era tarde da noite, por volta das 23 horas. Eu me perdi de Frederico. Foi muito sofrido. Eu ainda não sabia desenrolar a questão como agora.

Após doze horas no aeroporto, na área de trânsito, fomos deportados. A empresa aérea nos colocou em um voo de volta para Londres na classe executiva, na tentativa de nos recompensar de alguma forma. Afinal, era ela que não devia ter deixado que embarcássemos.

De volta ao Brasil, entramos na justiça. A empresa foi responsabilizada e teve de devolver todo o dinheiro da viagem. Mandamos os comprovantes e eles reembolsaram tudo, absolutamente tudo. Não questionaram nada, nem um centavo. Esse foi o primeiro – e quase único – perrengue grande que passei fora de casa.

TOMEM SEUS ASSENTOS

Além de não ter perdido Frederico de todo – ele está sempre na minha retaguarda –, passei a contar com um novo parceiro nessa exploração internacional. Ele surgiu inesperadamente, na hora certa.

Era junho de 2013. Um voo inaugural da Ethiopian Airline, Rio de Janeiro-Adis Abeba com uma parada em São Paulo para recolher mais passageiros. Esse voo não existe mais. Frederico e eu estávamos no aeroporto à espera do embarque, a caminho das paradisíacas Ilhas Seychelles. Estava na minha atividade preferida nos chamados "momentos mortos". Gosto muito de observar o meu entorno. Fico imaginando muita coisa sobre as pessoas. Percebi um cara que andava de um lado para outro no saguão de embarque do aeroporto do Rio. "Aquele cabra ali é ansioso. Ele não para. Deve ter algum problema", comentei com meu filho.

Embarque autorizado. Eram uns 300 passageiros e aquele homem foi sentar na poltrona bem na minha frente. Foi Deus. Ivan Carlo Zanella é paranaense, natural de Curitiba. Uma pessoa extremamente calma, reservada e eficiente. Só depois eu fui saber disso. Somos grandes amigos. Todo dia eu falo com ele.

Se não estivesse sentado na minha frente, não o teria abordado do jeito que fiz. Quando a aeronave parou em São Paulo para subir mais gente, eu me dirigi a ele: "Meu amigo, desculpa te abordar, mas tu tá indo pra onde?". Ele me olhou, calado, me mediu de cima a baixo por alguns segundos. "Hong Kong", me disse. Abri um largo sorriso. "Tu vai para Hong Kong? Taí um lugar que eu não conheço". Contei um pouco da minha história.

Quando descemos em Adis Abeba, aproveitei a espera pela escala para usar a internet do aeroporto – muito melhor do que a de São Paulo. Pedi para ele me adicionar no Facebook. Ele me contou que planejava trabalhar com passagens aéreas, e isso muito me interessava. Na hora de nos despedirmos, fui sincero, não apenas educado: "Meu amigo, foi um prazer te conhecer." Do fundo da sua timidez, ele me respondeu: "Muito prazer conversar com você." Foi uma surpresa para mim.

Liguei alguns dias depois da data que ele havia dito que estaria de volta a sua casa. A partir de então fomos conversando, criando uma amizade. Cerca de oito meses depois, no começo do ano seguinte, 2014, embarcamos juntos para Hong Kong. Ivan, que viajava somente a negócios, um esquema "bate e volta" de longuíssima distância, mudou sua programação. Dessa vez não se hospedou perto do aeroporto, nem fez seus negócios de tarde e pegou o caminho de volta na mesma noite. Montamos uma viagem de nove dias, coisa que ele nunca tinha feito. Primeiro conhecemos Hong Kong. De lá, tomamos uma balsa para Macau, onde passamos um dia. Então fomos para Seul.

Pouco tempo depois dessa viagem Ivan realmente começou a trabalhar com passagens aéreas. Especializou-se nisso, para minha sorte. A partir daí, quase todas as minhas voltas pelo mundo passaram por ele. Ele vende passagens com milhas. Compra de outras pessoas e faz essa intermediação. Às vezes consegue trechos bem mais baratos. Para mim ele monta os melhores pacotes. Mas esses serviços extras são exclusividade desse amigo e da sua família. Devo a ele grande parte do meu sucesso em rodar o planeta.

Se Frederico é detalhista, Ivan é minucioso. Faz planilhas completíssimas no Excel. Sobre o calendário coloca os horários de chegada e de partida, quanto custou a passagem, qual é a empresa aérea, qual é o código de reserva, nome e endereço do hotel, horário de *check-in* e *check-out*, valor do deslocamento do/para o aeroporto, uma ou outra dica e mais. Tudo, tudo. Mastigadinho. Não é Deus que faz essas coisas? Como é que eu ia encontrar esse homem? Nunca, se não fossem meus olhos atentos e minha vontade de conversar com as pessoas.

Informo a ele todas as promoções que encontro. Algumas vezes, Ivan me mostra que não vale muito a pena. Outras vezes, ele dá sua chancela e já começamos a expandir os planos. Já me alertou sobre várias oportunidades.

Como retribuição já lhe dei de presente duas viagens. Primeiro prometi que levaria Ivan para Israel, por seu forte lado religioso. Aguardamos surgir a chance. Assim que saiu uma promoção, ele me avisou, em março de 2017. Passagens de ida e volta para Israel por R$ 1,2 mil. Mandei que comprasse duas, uma para mim e outra para ele. Foram 10 parcelas de R$ 240. Ele ficou louco, maravilhado, e eu, muito feliz. Já voltamos outras duas vezes juntos para lá. Cada um pagando a sua. A mais recente foi a que contamos com mais tempo. Ficamos duas semanas rodando seus locais sagrados, praias e outras atrações.

Já me hospedei na casa dele, no interior de São Paulo. Ele já veio a minha casa. Uma vez, desembarquei em Campinas e precisava ir para o aeroporto de Guarulhos no mesmo dia, tomar outro voo. Acionei Ivan. Com seu jeito sincero, colocou-se à disposição, mas disse que seu carro não prestava para viagens. Foi a Viracopos me encontrar, alugamos um carro e me levou para Guarulhos. Quantas pessoas você conhece que fariam isso por você?

A outra passagem que paguei a Ivan foi para os Estados Unidos. Ficamos no meu apartamento em Orlando. Ivan tirou um fim de semana para passar com o filho, que estudava no país nessa época. Foi uma alegria extra poder proporcionar aos dois esse encontro.

Desde a primeira oportunidade, Ivan se mostrou uma excelente companhia. Um amigão. Aceita com paciência todas as paradas que peço para tirar fotos. Quero registrar os lugares emblemáticos por onde passo, as paisagens que me hipnotizam e as curiosidades que encontro pelo caminho. Que são muitas. Sabe compreender quando chego ao meu limite de energia e preciso descansar. Não se importa em fazer um ou outro passeio sozinho, enquanto eu me recomponho.

A maior viagem que fizemos juntos foi para a Itália. No final de 2018, ele encontrou passagens baratíssimas para esse efervescente destino. Ele ia realizar o sonho de levar o pai, Giovanni Zanella, italiano, com 82 anos de idade, para rever a terra natal e conhecer mais do seu país. Eu quis ir também. Levei comigo Heloisa. Encontramos com eles no aeroporto de Guarulhos. Passamos vinte dias visitando a Itália. Percorremos muitos lugares de carro. O pai imigrou novo para o Brasil, e só conhecia a região dele, no Norte. Visitamos Biella (cidade natal do pai), Florença, Milão, Nápoles, Pompeia, Roma, San Marino e Veneza, onde celebrei meu aniversário de 60 anos.

Ele fez tudo. Alugou casas pelo Airbnb. Reservou hotéis, onde o custo-benefício era melhor. Locou o carro. Eu só fiz pagar e aproveitar. Ele joga no meu time. Tudo dele é barato, barato demais. Por isso a gente combina. Meus filhos, os dois, têm visões diferentes de mim nesse ponto.

Nas viagens que prepara para mim, Ivan pensa o roteiro de acordo com o melhor ponto para chegar e sair, o menor tempo de conexão, os voos mais interessantes, as cidades que se comunicam diretamente... Sempre pelo princípio do bolso. Melhores preços.

Frederico às vezes revisa os planos. Ele faz um segundo filtro de aprovação. Questiona o hotel mais barato, mas sempre com argumentos. Se é mais afastado, me faz recordar que o gasto com transporte acaba encarecendo a hospedagem. Não tenho do que me queixar. Tenho uma excelente equipe por trás. Tudo o que Frederico e Ivan preparam para mim otimiza meu tempo e facilita minha vida. Além de reduzir meus custos sem comprometer a qualidade da viagem.

Apesar do meu encantamento pelo mundo, não sou um deslumbrado. Não acho que "tudo lá fora é bom" e "tudo aqui não presta". Não. Cada país tem suas coisas boas e ruins. Em todo lugar é assim. Para mim é tudo igual. Tenho o mesmo entusiasmo em ir a qualquer lugar e ouvir histórias de qualquer origem. Sou um grande apreciador de pessoas e histórias diferentes.

Meu porto seguro é o Maranhão, e continuará sendo para sempre. São Luís é minha casa e o mundo é meu quintal. Hoje tenho tanto interesse em ir à Mongólia, que ainda não conheço, quanto em ir a um dos 217 municípios maranhenses, que já visitei ou não. Está nos meus planos percorrer todo o meu estado depois que tiver pisado os 194 países da Organização das Nações Unidas (ONU).

Sou um incansável ser de travessia. Nós todos somos seres em movimento. É certo que alguns transitam mais do que outros. Também é certo que em alguns momentos podemos nos mover mais do que em outros. Como você tem transitado atualmente? Você tem atravessado suas fronteiras?

CAPÍTULO 3
A melhor saída é para dentro

"A vida é uma aprendizagem diária.
Afasto-me do caos e sigo um simples pensamento:
Quanto mais simples, melhor!"

José Saramago (1922-2010),
escritor português e Prêmio Nobel
de Literatura de 1998

Desde que tomei como meta de vida conhecer mais e mais países do mundo, comecei a fazer contato com jornalistas, para contar minha história. No início, ninguém me dava credibilidade. Até que uma jovem repórter entreabriu a porta para mim e levou meu relato à sua editora. Paula Boueres, na época chefe de redação d'*O Estado do Maranhão*, maior jornal da minha região, interessou-se e entrou em contato comigo. Fiz questão de recebê-la na minha casa. Mostrei tudo o que podia, narrei todo tipo de causo. Virei manchete! Ganhei a primeira página do jornal. Ganhei também mais determinação para seguir insistindo com outras publicações. Ganhei uma amiga, com quem estou sempre em contato. Devo a ela a chancela inicial que precisava para entrar na mídia.

Quantos mais lugares eu visitava, mais espaço na imprensa eu passei a conquistar. Em março de 2015, chegando à marca de 75 países, consegui chamar a atenção da conceituada *Folha de S. Paulo*. Fui fazer as fotos para a primeira reportagem que sairia nesse jornal de circulação nacional. Grande imprensa, grande fotógrafo. Encontrei-me com Albanir Ramos, piauiense de Parnaíba, radicado desde 1993 em São Luís. Um poeta da luz. A inquestionável qualidade de suas imagens revelam seu talento.

Ele é capaz de abrir os nossos olhos para a beleza que existe onde muitas vezes não enxergamos – ou não queremos ver.

Preparei-me como sempre antes dos cliques. Ajeitei meu cabelo com o pente que levo no bolso. Vesti meu chapéu e óculos escuros. Coloquei as muletas de lado, fora do enquadramento. Pronto. Mas Albanir me questionou: "Luiz, tu tem vergonha das suas muletas?" Eu neguei. Ele me encarou: "Luiz, tu não existe sem muleta. Tu quer ser galã? Tu não é bonito, não é inteligente, não é nada. Tu é um personagem graças a elas". Foi um choque de realidade. "Para com essa história de esconder muleta, Luiz. Deixa eu esconder sua muleta pra ver se tu sai andando pelo mundo... Tu é fruto dessas muletas".

Daí pronto. Minha ficha caiu. Ali ele despertou o Luiz Thadeu que venceu suas limitações e se reinventou. Nasceu o personagem maranhense *globetrotter* (que significa: "aquele que frequentemente viaja para diferentes países"). Albanir se tornou um amigo, um companheiro de viagem e projetos. Em alguns momentos, meu fotógrafo particular. Paguei um pacote para ele me acompanhar a Ushuaia, extremo Sul do continente americano. Capital da famosa Terra do Fogo, na Argentina. Voltei com um *book* sensacional.

De fato, minhas muletas foram mais que meus apoios para andar desde 2009. Minhas companheiras inseparáveis são varas que me permitiram grandes saltos em altura e distância. Sem elas não existiria personagem, não existiriam as matérias todas sobre minha história, não existiria esse livro.

Desde o primeiro desafio que enfrentaram, quando ousei cruzar o oceano para ver meu filho na Irlanda, tornaram-se minhas asas. Superaram a prova de fogo, ou melhor, de gelo, da primeira viagem à Europa no inverno. Fizeram com que eu acreditasse que podia atravessar pistas cobertas de neve e o que mais encontrasse pela frente. Ao longo de mais de uma década transitando pelo planeta, já fizeram muita história.

Tem horas que eu mesmo me pergunto como consigo fazer tudo isso. Já cheguei a lugares de difícil acesso. Vou abrindo caminho com minhas muletas. No mundo civilizado de hoje, já não precisamos de facões para abrir trechos pela mata. Quem convive com dificuldades de locomoção ainda precisa enfrentar situações e condições muito desfavoráveis, é verdade. Uma força dentro de mim me faz ir sem amarras. As metas que fui me colocando servem de motivação extra.

Em uma única ocasião deixei de fazer um passeio, por questão de segurança. Estava na África. Fui aos países mais incríveis. África do Sul, Botsuana, Namíbia, Quênia, Tanzânia, Zâmbia e Zimbábue. Sozinho. Sem ninguém. Sem falar uma palavra em inglês. No Zimbábue, peguei um pacote para conhecer as ruínas mais icônicas de uma cidade medieval da África Subsaariana: o Grande Zimbábue, origem do nome do país. A van me buscou no hotel. Entrei sem dar uma palavra. Eu tinha lido que dava para subir. Mas quando chegamos lá, vi que era só pedra. Pilhas de pedras trabalhadas, sem nenhuma argamassa para sustentá-las. Um senhorzinho europeu de seus 90 anos e eu não quisemos arriscar.

Eu já forcei uma barra desse tipo quando eu viajava com meu filho Frederico. Em viagem ao sudeste asiático, visitamos o Laos, Vietnã, Camboja e Mianmar. Em meio à selva no Camboja fica a maior construção religiosa do mundo, o templo hindu-budista Angkor Wat. Ocupa uma área quatro vezes maior do que a Cidade do Vaticano.

Meu maior estímulo para subir foi ter assistido a um Globo Repórter que a Glória Maria filmou ali bem antes de eu ir. Ela chega lá em cima ofegante. Eu olhei e decidi: vou subir. Meu filho não queria acreditar: "Não, papai. Tu é doido?". "Vou subir porque quero uma foto lá em cima! Essa eu tenho que postar, porque foi o que a Glória Maria fez." Eu subi, com muito esforço. Quase fiquei sem fôlego. Na descida, fui de bunda. Eu não conseguiria descer de outro jeito. Uma escadaria íngreme. Degrau por degrau. Até lá embaixo. Eu estimulei Frederico: "Filma, pode filmar. Filma para mostrar como eu enfrento as dificuldades".

Sou aventureiro, mas não sou irresponsável. Em nenhuma viagem eu caí, em nenhuma viagem precisei ir a um hospital. Nenhuma. O maior risco que corri de queda foi quando perdi a ponteira de borracha de uma das minhas muletas. Eu estava em um castelo medieval na Estônia, um dos países que formavam a antiga União Soviética, no Leste Europeu. Precisei caminhar por um trecho que tinha muita pedra, e uma das ponteiras rasgou.

Elas são a capa antiderrapante das muletas. O ferro ficou direto no chão. Onde eu apoiava o ferro oco enfiava fundo. Aí eu puxava para soltar. Escorreguei feio, mas não caí. Eu vi o cão na minha frente. Quando voltamos para o hotel, Frederico saiu à procura de uma ponteira nova para mim. Foi um duro aprendizado. Depois dessa, nunca mais passei por isso. Levo sempre duas ponteiras de reserva na minha mochila.

Outro susto que tomei em relação às minhas muletas foi nos Estados Unidos. Estava em minha casa, em Orlando. Levei comigo um amigo de infância, mais velho do que eu. Morávamos bem próximos quando criança. Fui apresentá-lo a Marshalls, uma cadeia norte-americana de lojas, fantástica. Tem de tudo, vários departamentos. Muitas coisas bacanas e baratas. Eu estava todo empolgado. Comprei várias coisas. Usei o carrinho de compras como apoio. Tinha colocado as muletas dentro dele.

Voltamos para o carro alugado que estava no estacionamento. Eu coloquei tudo dentro do porta-malas. Aquela empolgação. Saí dirigindo. Já tinha passado um certo tempo quando olhei para o banco de trás do carro e dei falta das minhas companheiras que deveriam estar ali. Cadê as muletas? Perguntei para meu amigo: "Você viu minhas muletas? Não estão aí atrás?" Ele se virou com mais atenção e confirmou: "Não, não estão". Pedi para ele descer e checar no porta-malas. Não estavam. Voltei a alta velocidade para o estacionamento do centro comercial.

Assim que cheguei, vi uma pessoa pegando minhas muletas e jogando longe para liberar o carrinho de compras. Descartando mesmo. Doeu meu coração. Mas não causou nenhum dano a elas. Foi minha salvação, porque eu teria que comprar outras. Eu não saberia onde e teria que ficar me arrastando, segurando na mão do meu amigo, até encontrar. Ele não saberia comprar para mim. Teria sido um inferno.

Não ter as muletas é um grande desfalque para mim. Mas tê-las, às vezes, também pode ser um problema. Quando estive no Sri Lanka, em 2017, desci na capital Colombo. Encontrei um aeroporto caótico. A agente da Polícia Federal parecia muito alerta. Ou muito desconfiada. Como as muletas são ocadas, levantei suspeitas da moça. Ela tentou por todos os meios encontrar algo enfiado dentro delas. Só posso pensar em drogas. Passou minhas muletas três vezes no *scanner*. Levou-as a outro andar para passar em outro tipo de raio X. Sorte que eu estava com meu filho. Conversando em inglês, eles se entenderam bem. Depois de tantos procedimentos, as muletas receberam um adesivo. Não sabemos o que estava escrito, porque era tudo na língua deles. Fomos liberados. Tivemos que apertar o passo para não perder o voo.

Nesse dia, talvez a agente fosse apenas inexperiente. Mas em outro episódio parecido que vivi em Atlanta, nos Estados Unidos, eu tive certeza de que a questão era essa. Peguei um jovem agente em treinamento. Ao lado dele, um inspetor dava mil explicações de como fazer isso e aquilo. Justo na minha vez. Realizei o roteiro normal: cheguei na cadeira de rodas, coloquei a mochila e as muletas na esteira do *scanner*, levantei da cadeira, atravessei o raio X, caminhando como posso, sem apoio. Sendo nos Estados Unidos, somou-se um grau de dificuldade: precisei tirar os sapatos e andar de meias. Nesse momento, a cadeira de rodas geralmente vai para o outro lado. Apanho minhas coisas e posso me sentar novamente. Naquela ocasião, quando eu cheguei do outro lado, o inspetor anunciou a questão: "Esse é meu aprendiz. É o primeiro dia de trabalho dele". Fizeram-me mil perguntas. Quase me mandaram voltar e passar de novo, para a aula ser completa. Lá se foi meia hora. Em pé, sem muleta, servindo de cobaia.

Mas nada disso supera o que vivi na última viagem internacional que tive o prazer de fazer no início de 2020. Antes de ser decretada a pandemia mundial do Coronavírus e acabarem-se as viagens de qualquer tipo. Estava em passeio pela Europa. Iniciei por Paris e de lá para Barcelona e, para encerrar, Amsterdã. Avião cheio. Fui um dos últimos a entrar. Atravessei todo o corredor com as muletas. Pedi para a comissária de bordo colocá-las no bagageiro e tomei meu assento. Só que ela não entendeu nada do que eu falei, eu não entendi nada do que ela possa ter falado. Quando desembarquei em Amsterdã, cadê as muletas? Elas não tinham embarcado. A comissária entendeu que as muletas eram da empresa aérea.

Passei três horas dentro de Schiphol, um dos aeroportos mais bonitos que conheço, rodando apoiado no carrinho de bagagem. Eu só ando segurando em alguma coisa. Fui à delegacia do aeroporto, fazer o B.O. Arranjaram uma pessoa para falar espanhol comigo. Então liguei para Frederico quando estava sendo atendido ali. Ele me explicou que tinham me indicado uma loja para comprar outro par de muletas: "Lá no andar de cima tem uma loja que eles acham que vende muleta". Para minha sorte, a loja tinha mesmo. Mas não gostei de ter gasto dinheiro com isso.

Fiquei perplexo. Uma empresa daquele nível, uma das maiores do mundo, de um país desenvolvido, fez isso comigo. Eles não resolveram minha vida, só trataram de me colocar para fora do avião. Nenhuma outra empresa do país mais pobre do mundo me fez algo assim. Só fui receber minhas velhas companheiras, que comigo já percorreram 143 países, no último dia de viagem, antes de pegar o voo de volta para o Brasil.

Com a assistência jurídica de meu filho Frederico, entrei com um processo contra a companhia aérea. As muletas são os meus sustentáculos. Por conta da pandemia, tudo que não é prioritário ficou muitos meses em suspenso. Agora estou aguardando ter meu caso julgado. Eles vão ter que me pagar por esse desconforto que me fizeram passar.

De qualquer forma, é sempre bom entender que há males que vêm para bem. Até então, se minha mulher – que quase não viaja comigo e às vezes arranja briga porque eu viajo tanto – escondesse as minhas muletas, eu não sairia de casa. Muito menos poderia viajar. Agora aprendi que entre a minha casa e o aeroporto, ou mesmo lá dentro, posso encontrar um lugar para comprar substitutas.

Sou dependente delas. Não há muito o que fazer. Mas somente delas. Eu me liberto de tudo o que for possível para seguir vivendo minha vida. A começar pelas várias medicações que a fase de convalescença tentou impor para mim. Fui exposto ao mais alto grau de dor que o ser humano pode sentir. Cheguei à dosagem mais alta de morfina que o ser humano pode receber para amenizar a dor. Tomei os antibióticos mais potentes que existiam na época, Invanz e Targocid. Mas há muito não tomo nenhum tipo de remédio por isso.

O SILÊNCIO QUE FALA ALTO

Continuo sentindo dores, elas não desapareceram. Só que eu aprendi a conviver. Entendi que toda dor é um ápice. Chega lá em cima e depois baixa. Quando a dor é muito forte, eu me recolho, eu sento, eu estico a perna e vou acalmando os ânimos. Até que aquele ápice passe. Há tempos, aprendi a acalmar minha mente por meio de meditação.

Quando estive hospitalizado em São Paulo, tratando a osteomielite, precisava ficar com minha pele semiaberta. Usava a gaiola em volta da minha perna esquerda, o Ilizarov, e a cada dois dias eu tinha que voltar ao centro cirúrgico para controlar a infecção. Os pontos arrematados dois dias antes eram reabertos. A sutura não era forte, era preciso deixar espaço por onde saísse a secreção.

Para que eu aguentasse tudo isso, a equipe médica se reuniu e achou por bem introduzir em mim uma bomba subcutânea de morfina, para liberar a medicação constantemente no meu organismo. Foi efetivo? Sim, abrandou a dor. Mas desregulou todo o meu organismo. Comecei a ter diabetes, chamada "diabetes medicamentosa", e uma série de outras consequências. Passei a tomar remédio para a diabetes, remédio para dormir, remédio para proteger o estômago, remédio para isso, remédio para aquilo... Eu ia me tornar um ser químico.

Eu tinha cerca de 45 anos de idade e não queria seguir esse caminho. Durante toda a vida, tentei – e ainda tento – ser o mais natural possível. A minha comida sempre foi pouco industrializada e pouco processada. Remédios são extremamente artificiais, não queria – nem pretendo – ficar dependente deles. Vejo, com tristeza, muitos garotos de 30 anos fazendo uso de medicamentos como Viagra, por causa da vida acelerada que levam. Comprometendo sua saúde, seu futuro... Como chegarão aos 50 pensando sobre o prazer? Eu queria chegar inteiro nessa idade, íntegro e sem químicos.

Decidi naquele momento evitar a bola de neve que vinha se formando. Comuniquei ao médico que eu não ia mais querer tanta medicação. "Quero chegar aos 100 anos de idade, ainda não cheguei nem aos 50. Se seguir dessa forma, não há organismo que resista", argumentei. Ele disse: "Você é um louco, ninguém aguenta". Respondi: "Não sei se vou aguentar a dor. Só quero pedir um favor para o senhor: diminua a dosagem da medicação. Se não aguentar, nós voltaremos."

A dosagem da medicação foi diminuída, comecei a dar comandos ao meu cérebro para administrar a dor. Não sabia o que era meditação naquele momento. Não posso dizer que aprendi com aulas. Não! Tudo veio por meio da internet. Quando passei a buscar alternativas. Fui atrás de vídeos de pessoas que tinham passado por problemas de dor como o meu. Ouvi diferentes pessoas relatando que faziam um trabalho mental. Era meditação, embora eles não usassem essa palavra. Explicavam direitinho os preceitos. A base de todo mundo, de todas as falas, era uma só: acalmar a mente. Era disso que eu precisava. Acalmar a minha mente.

Pesquisei muito, fui ler a fundo sobre isso e tudo me levou à meditação. Li muita coisa do líder espiritual indiano Osho. Não sigo linha, seita ou religião. Faço do meu jeito e consigo resultado. Sou disléxico. Vou e volto rápido nos pensamentos. Uma coisa atrás da outra. Minha mente é inquieta demais. Meditar ajuda, aumenta o nível de serotonina, acalma a mente e a dor.

A linha mestre de qualquer meditação é a seguinte: em qualquer lugar que você esteja, mesmo que seja em meio de uma tremenda confusão, é preciso focar no ambiente interno. O primeiro ambiente em que estamos inseridos é a mente. É preciso delimitar a atenção a esse ambiente. Abstrair o resto do mundo. Então a partir da mente, viajar. Viajar para lugares tranquilos.

Basta pensar em lugares que eu conheço. Eu já visitei diversos cantos lindos da Terra, tenho material suficiente para muitas meditações. Ou me imagino em uma cachoeira, ou num rio, ou em uma floresta. A dor diminui, ela sempre diminui. Com essa ferramenta, nunca mais precisei tomar remédio para dor.

Meditar combate minha ansiedade, me ajuda a refletir sobre preocupações e planos, abranda minha dor. Meditar serve para desacelerar a vida. Só faço parar o corpo e ficar pensando em coisas boas. É um trabalho interior. Eu pratico todos os dias. Reservo um tempo para mim, me desligo de tudo e fico em silêncio. Hora de organizar a minha vida.

Quando estou em casa, sozinho, sem ninguém, tomo banho, acendo incenso, coloco um som bem tranquilo. Desligo o celular, preparo tudo. Mas essa não é a situação mais comum. Se estou viajando, não tenho nada disso. Se estou na rua, muito menos. Procuro um lugar calmo, sempre que possível.

No avião é mais fácil. Principalmente em voos longos. Amo voos longos, porque minha ansiedade é zero. Não sinto agitação. Tenho tempo suficiente para ler, dormir e fazer um intervalo para meditar. Não gosto de voo curto. Fico mais ansioso em um voo de São Luís a São Paulo, de três horas e meia, do que em um voo de São Paulo a Dubai, de quatorze horas e meia.

O aperto do assento da classe econômica não é problema. Meu cérebro está tão satisfeito por estar viajando que a dor é suprimida. É fantástico. Um problema é o choro de crianças, que eu tenho a capacidade de atrair principalmente em voos longos. De qualquer forma, nada inviabiliza os meus momentos de meditação. O importante é procurar a calma dentro de mim.

Meu foco é manter meu ambiente interno são, sem a carga negativa que possa estar me rondando naquele momento. Todas as preocupações são cargas negativas. Todas as coisas que não resolvemos, que estão nos afligindo, são cargas negativas. A dor também é uma carga negativa.

A nossa mente é a coisa mais importante que temos. É a mente que dirige tudo. Tudo nasce na nossa cabeça. É o pensamento que nos conduz. Vai nos levando até ser concretizado. Depois de pisar em 130 países com minhas muletas, batalhei para ter uma placa no aeroporto Marechal Cunha Machado, de São Luís, minha porta de saída para o mundo. Contactei pessoas, recebi inúmeros nãos. Na milésima tentativa, consegui meu objetivo. Hoje ninguém tem uma placa como essa em um aeroporto brasileiro. Talvez não exista outra parecida em nenhum lugar do mundo. Isso é fruto da perseverança, por não me intimidar em receber "não" como resposta.

Ao atingir 140 países, conquistei a honraria de um selo comemorativo dos Correios, como o brasileiro com mobilidade reduzida mais viajado do mundo. Tudo isso nasceu da minha imaginação. Essa conquista é mais um resultado de sempre ir atrás dos meus sonhos.

No longo caminho para realizar sonhos, muitos me trataram com rispidez, o que nunca foi empecilho para mim. Nunca aceito um "não" de primeira. Disseram sem receio: "Rapaz, isso não pode. Isso não existe". Por que não pode? Vamos buscar. O "não pode" está escrito onde? Explique. Tem uma lei que diga "não pode". Vou atrás para encontrar a tal lei. Mas essa norma ainda está vigente ou caducou? Pode ou não pode? Meu "não" é flexível. Se não fosse dessa forma, igualmente não haveria tantas matérias publicadas na imprensa nacional e internacional contando sobre minhas andanças pelo mundo.

Gosto de conhecer outras pessoas que também flexibilizaram os "nãos" que receberam da vida e que escrevem histórias diferentes do comum. Por isso, além de conversar muito com qualquer pessoa que cruze meu caminho, vejo diversas palestras *online*. Amo palestras. Dizem que palestra motivacional é como tomar banho. Você tem que estar sempre renovando. Se tomar banho hoje, daqui a um dia não serve mais. Você tem que tomar outro, certo? Assim é a palestra motivacional.

Gosto de estar sempre me inspirando em depoimentos e reflexões dos mais diversos tipos de gente. Sou fã dos TED Talks e TEDx. Quantas histórias incríveis. Ideias que realmente merecem ser disseminadas, como diz o *slogan* dessas propostas. Aos poucos, vou me afirmando também como palestrante. Comecei com palestras nas escolas públicas da minha cidade. Depois passei a visitar hospitais. Recentemente ampliei a plateia. Falei para oficiais do Exército, Marinha e Aeronáutica, em São Luís.

Nessas oportunidades não me limito a contar minhas façanhas. Gosto sempre de ouvir também. Quero me conectar com as pessoas que estão ali. Quero trocar histórias. Mostrar que se eu faço, qualquer um pode fazer. Com ou sem muletas, reais ou alegóricas. Reconhecer as desculpas que alimentamos, as famosas "muletas" do sentido figurado, é o primeiro passo para transformar os revezes em instrumentos para irmos mais longe. Você já parou para identificar quais são as suas?

CAPÍTULO 4
Bolso raso, sonhos profundos

"Você só vive uma vez,
mas se souber viver bem,
uma vez é o suficiente."

Joe E. Lewis (1902-1971),
comediante e cantor estadunidense

"Você viaja tanto, você é rico?" Por onde eu ando, muitas pessoas me perguntam isso. A resposta mais sincera que posso dar é que a questão financeira é minha terceira limitação. Tenho três: uma adquirida mais recentemente, a sequela na perna esquerda que me obriga a andar de muleta. Outra é falar apenas o português, algo de portunhol e, no máximo, umas poucas frases em inglês. A terceira limitação é de nascença: tenho bolso raso. Além disso, o mais complexo: meu bolso é raso, mas meus sonhos são profundos. Por isso, eu me aprimorei ao longo dos anos em fechar a equação para realizar meus sonhos.

Apesar de pouco, meu dinheiro é bem administrado e abençoado. Se você chegou até esse trecho do livro, já sabe que nasci em uma família simples, tive uma infância sem luxos e aos 17 anos de idade assumi muitas contas da casa e a criação de meus cinco irmãos. É fácil perceber que não saí com as melhores cartas na vida. Mas, como diz o ditado, aprendi desde cedo a mudar o jogo com as cartas que tinha na mão. Pratico isso a vida inteira.

Poderia seguir com a metáfora, mas outro exemplo da vida cotidiana explica melhor o que quero dizer. Tenho um colega de infância que hoje é médico, recebe um ótimo salário e mantém um bom padrão de vida para sua família. Recentemente encontrei com ele no supermercado – o maior *point* social de São Luís, uma cidade que não tem mais clubes e que sofre com praias poluídas por descaso e irresponsabilidade das autoridades. Ele comentou que tinha visto matérias sobre minhas viagens. Não se aguentou de curiosidade, me perguntou quanto eu gastava por mês. Contei algumas das minhas artimanhas para viver bem, barato e viajar tanto. A reação dele foi um desabafo: "Meu Deus, eu não consigo fazer isso. Eu gasto R$ 300 num restaurante e ainda como mal. Por isso que meu dinheiro não dá para nada".

Gosto muito de falar sobre minhas estratégias financeiras para conquistar o que quero. Também tenho muita curiosidade sobre as finanças alheias. Não costumo me ater ao quanto se ganha ou se gasta. Uma das coisas que mais gosto de saber das pessoas é como elas lidam com o dinheiro. Outro dia, fui lavar meu carro e, durante a espera, comecei a conversar com um motorista de aplicativo quase da mesma idade que eu. Perguntei a ele se vivia bem, se estava satisfeito com a sua vida – essa é outra pergunta recorrente minha!

"Estou muito satisfeito, eu ganhava R$ 1,5 mil trabalhando com carteira assinada antes. Agora, como motorista de aplicativo, eu estou ganhando R$ 5 mil. Então estou muito feliz", contou-me. Minha pergunta seguinte não podia deixar de ser: "Você sabe mexer com dinheiro?". Ele disse: "Olha, minha mulher e eu somos muito regrados pra dinheiro e o nosso dinheiro dá pra tudo. Nós temos casa própria, estou pagando esse carro, e todos os meses conseguimos guardar um pouquinho". Sendo que ele não tinha nível superior.

Lembrei-me de um professor universitário, com doutorado em Economia na França, que durante um ano alugou meu apartamento e nunca pagou um aluguel em dia. Não tinha um mês que ele não ficasse louco porque as contas dele não fechavam.

Como pode um "doutor em dinheiro" ter mais dificuldade para lidar com capital do que um motorista de aplicativo?

Ter conhecimento teórico sobre dinheiro ou mesmo ter a conta bancária gorda não quer dizer que se saiba administrar bem as próprias finanças. Mesmo quem tem altos rendimentos pode ter muitos problemas para administrá-los. Pode ter grandes dívidas, inclusive. Pouco importa, portanto, quanto se ganha ou quanto se gasta, separadamente. O importante é a matemática entre ambos. Mas antes de me alongar adiante sobre isso, prefiro contextualizar um pouco mais o assunto.

Tempo e dinheiro são dois fatores com os quais precisamos aprender a lidar enquanto estamos na Terra. O fator tempo é igual para todo mundo, talvez seja a coisa mais democrática do mundo. Eu, você e o presidente dos Estados Unidos, o homem mais poderoso do mundo, todos nós recebemos diariamente a mesma quantidade de tempo. Eu não tenho nem um minuto a mais do que você ou qualquer outra pessoa.

Mas o fator dinheiro não é assim. Você tem acesso a uma quantia, eu tenho a outra, Bill Gates tem acesso a muito mais... Conheço gente que vive bem com um salário de R$ 2 mil e conheço quem recebe R$ 20 mil e está devendo. Conheço ainda quem já me confessou ter sido milionário e gastou todo o seu dinheiro, por não ter tido o cuidado de poupar.

Avarento é quem não poupa o que ganha, ou gasta de forma miserável. Esse é o avarento. Quem tem pouco, mas aprende a poupar e sabe gastar aquele pouco, transforma o pouco em muito. É uma pessoa sábia, que aprendeu a mexer com dinheiro.

Convivo de perto com gente que tem um carro de R$ 450 mil, mora em um imóvel de valor inferior ao do automóvel e não tem plano de saúde. Assim como com quem não tem dinheiro para adquirir um carro, anda de ônibus por necessidade (e não por opção), mas só compra camisa de R$ 400 por causa do símbolo estampado nela.

Não estou condenando os outros e o que fazem. O dinheiro é da pessoa e ela o utiliza como quiser. Os exemplos tão díspares são interessantes para colocar a relação com o dinheiro em perspectiva. Afinal, o que diferencia as pessoas é a maneira como cada uma utiliza esses grandes ativos. Nossas prioridades vão definir como lidamos tanto com o tempo quanto com o dinheiro. As prioridades que escolhemos estão diretamente ligadas à visão de futuro que temos. O maior problema, a meu ver, é que a maioria das pessoas é imediatista! Vivemos em uma sociedade cada vez mais obcecada por conquistas rápidas, enriquecimento instantâneo, *status* a qualquer custo.

Exercito frequentemente minha habilidade de vislumbrar minha vida daqui a dez anos ou mais. Procuro me organizar hoje para conquistar o que desejo na próxima década. Claro que pode dar tudo errado. Não sou vidente, nem oráculo – meu acidente e a sequela na minha perna são fortes provas disso. Mas, enquanto estivermos por aqui, acho bom, saudável e estimulante ter planos e metas de médio e longo prazo. Independentemente da idade que se tenha.

Na juventude me recordo de muitos lanches que troquei por LPs e livros. O lanche ia ser devorado em dez minutos e não ficaria na história. O LP tocou por muitos anos na minha vitrola e o livro ainda está na minha estante. Tenho uma propensão natural a optar por coisas de maior durabilidade. No meu entendimento, isso faz parte da minha visão de longo prazo. Como dizem as doces palavras de Cecília Meireles no livro infantil *Ou isto ou aquilo*: "Ou guardo o dinheiro e não compro o doce, / ou compro o doce e gasto o dinheiro. / Ou isto ou aquilo: ou isto ou aquilo... / e vivo escolhendo o dia inteiro!"

O dinheiro pode comprar mil coisas, mas não é possível comprar todas ao mesmo tempo. É uma questão de escolha, o tempo todo, a vida inteira. Na minha experiência, a melhor forma de cuidar do dinheiro é gastar de forma racional e não emocional. Quando sou levado pela emoção, compro tudo o que eu vejo, tudo o que acho bonito, tudo que quero ter. Esta é a fórmula mais fácil para se endividar. Assim vive a grande maioria das pessoas no mundo todo, sem se preocupar com o amanhã.

Apenas no nosso país, milhões de pessoas encerraram 2019 superendividadas. Segundo o Banco Central, são cinco milhões de brasileiros que, além de não pagarem mais suas contas, estão comprometendo a própria sobrevivência, pois não conseguem ter acesso a itens básicos e essenciais como comida e medicamentos.

O endividado é o escravo moderno. Escravo de gerente de banco, de cartão de crédito ou, pior ainda, de agiotas... Por medo de viver essa escravidão, nunca pedi empréstimo e nunca me endividei. Nunca recorri ao banco para realizar um sonho, pois existe a possibilidade de transformar esse sonho em inferno, se eu não conseguir pagar.

Viabilizo tudo o que caiba no meu bolso. É claro que utilizo o recurso do parcelamento, mas fujo dos juros. Pago religiosamente a fatura das viagens como se fossem as contas de água, luz e gás de casa. Quando embarco para um destino, minhas passagens e hotéis quase sempre já estão quitados. Essa tranquilidade impacta até no sabor e desfrute do passeio.

QUEM NÃO TEM VISÃO USA ÓCULOS ESCUROS

Minha formação protestante e os exemplos – bons e maus – que tive na infância me levaram pelo caminho da disciplina para as finanças. Por alguns anos tive muita proximidade com os estrangeiros evangelizadores da igreja e acompanhei de perto o rigor com que tratavam entradas e saídas de recursos, custos e gastos. Dentro de casa, tive os extremos de referência: uma mãe trabalhadora, comprometida e multiplicadora e um pai totalmente irresponsável em relação ao dinheiro.

Frequentei um dos melhores colégios de São Luís, meus colegas eram de famílias abastadas e muitos recebiam mesada. Nunca soube o que era mesada. Não tinha nem dinheiro para o lanche na escola. Minha primeira lição de economia foi a caderneta de poupança que ganhei no meu aniversário de 8 anos de idade, em 7 de dezembro de 1966.

Minha mãe, Maria da Conceição, conhecida carinhosamente como Dinha, me disse: "Tudo que eu puder poupar para você, vou colocar numa caderneta de poupança". Prometeu e cumpriu, como sempre fazia. Abriu a caderneta com o correspondente a cerca de R$ 100 na moeda atual. Todo mês, comparecíamos ao banco para colocar um pouquinho mais. Anotavam-se os juros daquele período e o valor que eu passara a ter, somados os rendimentos. Desde então, fui me familiarizando com os cuidados que precisava ter com meu dinheiro e como ele podia render.

Meu avô materno, Agripino Nunes, foi outro reforço para mim nesse aprendizado. Muito disciplinado com seus vinténs, me ensinava o poder de poupar alimentando um cofrinho de lata. Todos os Natais eu abria aquele pequeno baú da felicidade para comprar um bom brinquedo. Chegava a juntar o que seria hoje uns R$ 300. Graças a ele pude comprar carrinhos de controle remoto de todos os tipos – que ao lado dos ferroramas são minhas grandes paixões no que se refere a brinquedos.

Já meu pai, Luiz Magno, morreu com 84 anos de idade sem saber o preço de nada. Seu lema era: "Eu não guardo nem segredo, como vou guardar dinheiro?" Foi funcionário público federal e não tinha posses, nem as mínimas. Ele nunca teve uma roupa boa para vestir, mas também não se importava com isso. Eu poderia ter puxado a ele. Só que não puxei. Quando eu já era adulto, ele me desafiava a fazer um teste de DNA e ver se era mesmo seu filho, porque tínhamos visões de mundo completamente diferentes. Para depois reconhecer: "Você é que está certo. Só tem as coisas quem guarda."

Lá com 8 anos de idade, quando recebi a minha primeira caderneta de poupança, consegui logo ter uma boa relação com dinheiro. O vil metal não me encantou! Para mim, dinheiro é só um meio para realizar desejos. Não tenho ganância em acumular por acumular. Riqueza, para mim, também é ter tempo para fazer o que eu quiser: observar o pôr do sol, reunir pessoas queridas em torno de uma mesa para um bom papo, beber vinho, cerveja ou café, fazer amor, ler livros, ouvir música, assistir filmes... Diferentemente de pessoas com quem convivo, não sinto necessidade de ver o meu extrato bancário crescer cada vez mais. Minhas economias sempre foram pensadas para eventuais necessidades e também para projetos de vida, de forma que minha estabilidade financeira não ficasse comprometida.

Sem pretensão de ensinar finanças pessoais ou investimento a ninguém, gosto de compartilhar a regra que funciona para mim. É simples: se eu ganho R$ 10 mil, por exemplo, (e meu salário sempre foi menor do que isso, nunca tive cargo de chefia), eu separo R$ 3 mil e tenho que me adequar a viver com R$ 7 mil. Aqueles R$ 3 mil passam a não existir para mim. Com eles vou engordando meu porquinho. Os frutos vêm com o tempo.

Graças a essa disciplina, quando sofri o acidente tinha reservas suficientes para manter o nível de vida da minha família. Como tudo aconteceu na volta de um dia de trabalho, consegui na justiça o direito de continuar recebendo meus vencimentos como perito federal agrário. Mesmo assim, isso representou uma grande perda de rendimentos. Já não podia ir a campo visitar as propriedades rurais. Os extras para deslocamento e diárias pelos trabalhos que realizava fora da minha cidade de residência deixaram de entrar. Somente salário, sem complementos.

Minhas reservas também cobriram muitos gastos com hospitais, médicos, procedimentos, medicação, deslocamentos e adequações durante meus seis anos de tratamentos. Nem tudo era pago pelo plano de saúde. Passado o período de convalescença, o que restava da reserva ainda me permitiu ter acesso ao recurso terapêutico que curou meu espírito. Saí do ninho, abri as asas, atravessei o oceano e descobri que, mesmo de muletas, podia fazer do mundo o meu quintal.

Coloquei como meta conhecer cada vez mais países e o universo conspirou a meu favor. Em 2009, aconteceu uma fantástica valorização de um terreno em que investi. Uma senhora queria R$ 50 mil por um lote próximo a uma área que estava em expansão aqui em São Luís. Mas só tinha o recibo da propriedade, não tinha a documentação em ordem. Por esses anos, aproveitando o momento do *boom* imobiliário no Brasil, atuava paralelamente como corretor de imóveis – tenho registro profissional da área, o CRECI, desde 1991. Acreditei no potencial daquele terreno.

Documento fotocopiado, fui à Prefeitura e comecei a desenrolar o caso. Acabei fechando a compra por R$ 45 mil e usei a diferença na legalização da propriedade. Menos de oito meses depois, vendi o terreno por R$ 300 mil e comprei dólar, que na época estava a R$ 1,65. Esse foi o combustível usado para decolar com meus planos de viagem e mantê-los em velocidade de cruzeiro por tantos anos.

Tempos depois, o conhecimento do mercado nacional abriu meus olhos para uma oportunidade internacional. Era 2011 e me vi com R$ 80 mil na mão tentado a comprar uma Toyota Hilux usada. Com o dólar a R$ 1,65, na época, isso representava cerca de US$ 48,5 mil. Se tivesse adquirido a caminhonete, hoje o veículo não estaria valendo metade do seu valor em reais. No fim das contas não teria atualmente nem R$ 40 mil.

Em uma viagem a Orlando, Estados Unidos, senti que podia realizar meu sonho de ter ali um imóvel. A quebradeira provocada pela bolha imobiliária americana ainda estava estampada em anúncios de venda diante de muitíssimos prédios e casas. Deixei de passear com Frederico para andar pela cidade e anotar os contatos publicados nas placas. À noite, meu filho colocava seu inglês a serviço do meu sonho.

Consegui encontrar um apartamento em Orlando por US$ 45 mil, por meio de um jamaicano casado com uma cearense – uma longa história para outro livro talvez. Hoje este imóvel vale US$ 100 mil e o dólar está a R$ 5,50. Recebo mensalmente um aluguel em dólares. Mais combustível para meus voos. Essa é a grande diferença do impacto que a visão de longo prazo tem na vida financeira.

Nesses bons negócios que fiz, contei sempre com suor, persistência e um pouco de sorte. Mas também vivi um caso de pura sorte. Pela oportunidade de conhecer mais de 10 países da Ásia, decidi investir quase R$ 17 mil em 2017. Um pacote de 33 dias. Passagem, traslados, hotéis e um ou outro passeio incluído. Era um valor promocional, mas representava uma viagem cara para os meus padrões. Paguei no cartão de crédito, como faço com todas as contas possíveis, para acumular milhas.

Tinha à frente 10 prestações de cerca de R$ 1,7 mil. Hotéis, passagens e *vouchers* emitidos. Dois meses depois da compra, a cobrança ainda não havia entrado na fatura. Passado o terceiro mês que não vinha a conta, decidi ligar na operadora. Mais de uma hora depois de espera, conversa e checagem, a atendente me garantiu: "Não tem nenhuma dívida sua aqui". Essa viagem foi presente do Papai do Céu. Agora, mesmo que apresentem a cobrança, não pago mais!

EMBARQUE AUTORIZADO PELA CONTA BANCÁRIA

Quando decidi conhecer o mundo todo, meu bolso raso foi o ponto de partida para qualquer destino no qual desembarquei. Todas as minhas viagens saíram muito mais baratas do que o normal. Eu vivo procurando promoções. Em *sites* nacionais e internacionais. Sempre atrás dos melhores preços, às vezes, inimagináveis.

Fui às ilhas mais exclusivas do mundo, as Seychelles, pagando R$ 3,8 mil, passagem e hospedagem. Somente a passagem para esse paraíso raramente se encontra por menos de R$ 7 mil quando o dólar não está muito alto.

Minhas principais ferramentas são a internet e a informação. Nasci em uma geração analógica, antes de a televisão chegar ao Brasil. Sou da época do "televizinho", em que a casa com o único aparelho de televisão da rua, quiçá do bairro, recebia os vizinhos para ver a programação. Mas hoje sou fruto da internet. Eu jamais saberia viajar para o exterior antes dessa invenção. Não poderia fazer tudo o que faço desde o meu acidente sem esse recurso, aliás. Trabalhei remotamente desde então, planejo todas as viagens pela *web*, mantenho contato com os amigos que vou fazendo pelo caminho graças às redes sociais e aplicativos de mensagem instantânea.

Assim me tornei um viajante profissional. Mas sou diferente dos demais por repetir muitos destinos. Em geral, os outros costumam ficar mais focados em bater meta: aumentar o número de países visitados.

Conheço 143 países dos 194 da ONU. Mas já fui quatro vezes aos Emirados Árabes, cinco vezes para Israel, seis vezes à Espanha, sete vezes à França, oito vezes à Irlanda, nove vezes à Argentina e mais de 20 vezes aos Estados Unidos, a diferentes cidades de cada país, só para citar os mais revisitados. Diante de uma oportunidade de ir à Europa por R$ 1,2 mil, ao invés de guardar esse valor para conhecer a Mongólia, pagando o preço normal de R$ 5 mil, eu voltei muitas vezes à Europa. Quando conseguir uma promoção para a Mongólia, para lá irei!

Por vezes encontro pacotes completos com superdescontos. Às vezes, apenas as passagens. Então procuro por hotéis econômicos ou *hostels*. Os também chamados albergues são ótimas opções para mim, não só pelos preços mais em conta. Nesses ambientes a oportunidade de interagir com outros hóspedes é muito maior. O café da manhã costuma ser compartilhado e o quarto também. Acabo conhecendo muita gente bacana e interessante. Mas tenho meus limites. Não fico em quartos com mais de quatro camas. Já fui a *hostels* maravilhosos e paguei hotéis que deixaram muito a desejar, e vice-versa.

No orçamento de uma viagem também convém considerar o deslocamento dentro das cidades visitadas. No meu caso, por conta da minha necessidade de usar muletas, não pago o transporte coletivo em muitos locais. Fui alertado sobre isso em Nova York. Estava na fila para comprar a passagem e uma moça me abordou falando em inglês. Quando notou minha dificuldade em entender o que dizia, me perguntou uma das frases que sei naquele idioma: "Where are you from?" (De onde você é?). "Brasil", respondi. Então ela passou a falar português. Por essas coincidências da vida, era brasileira também. "Deixa eu te dar uma dica. Você não precisa pagar transporte aqui". Então me explicou que era só apresentar a carteirinha que utilizo no Brasil para este fim. Isso me beneficiou em diversas outras viagens.

O deslocamento até os aeroportos é outro gasto que costuma ser considerável, por isso estou sempre atento a formas mais econômicas de chegar até as minhas asas de metal. O melhor dos mundos é quando o hotel oferece traslado ou o pacote já inclui esse serviço. Os motoristas de aplicativo têm criado opções menos caras, mas às vezes arriscadas, porque ameaçam a exclusividade que os táxis autorizados têm sobre esses territórios. (em outro capítulo vou contar alguns episódios tensos e maravilhosos sobre isso). Em muitos países mais desenvolvidos, os trens e metrôs nos levam até a porta dos aeroportos. Em outros nem tão evoluídos assim, existem linhas de ônibus baratíssimas que passam pelo aeroporto. Como consigo essas informações? Eu pergunto tudo! Tudo o que você imaginar e mais um pouco. Recomendo que faça o mesmo.

Tudo é informação! Por isso faço parte de vários grupos de WhatsApp focados exclusivamente em viagens. É um mundo rico de dicas. Um ótimo meio para baratear custos de passagem. Alguns integrantes têm milhões de milhas acumuladas, e oferecem trechos por bons preços. Aprendi nesses grupos boas vantagens do uso do cartão de crédito. Passei a ter cartões que dão acesso a salas VIP pelo mundo afora.

Antes de viajar, checo pela internet se nos aeroportos pelos quais vou passar têm sala VIP, e qual é a localização delas. São lugares excelentes para ficar quando preciso esperar horas no aeroporto por uma conexão. Geralmente economizo pelo menos uma refeição e o cansaço de ficar circulando pelos terminais.

Certa vez, fiz uma longa escala em Pequim. Cheguei às 6 horas da manhã e meu próximo voo só sairia às 8 horas da noite. Por medo de sair do aeroporto e me perder naquela capital de dimensões gigantescas, me refugiei na sala VIP do aeroporto. Passei o dia todinho ali. Tomei café da manhã, almocei, jantei, tomei vinho. Dormi em um espaço mais reservado que tinha para isso. Tomei banho em banheiro privativo – recebi um *kit* de toalha, xampu, sabonete. Tudo, tudo. Não paguei nada, nada. Só esse dia na sala VIP compensou a anuidade do meu cartão.

Mas não é sempre assim. Em Abu Dhabi, nos Emirados Árabes, por exemplo, não tenho acesso à sala mais VIP de todas, mas a uma correspondente de classe média, dado o nível de riqueza dos xeiques que circulam por ali. Tem salgados de todo tipo e vários doces árabes. Come-se à vontade. Também é possível beber de tudo, inclusive bebidas alcoólicas, proibidas no país. Por estar em uma área internacional, ali está liberado.

Dessa forma vou economizando aqui e ali, com isso e aquilo. Quanto mais economizo, mais viajo. Em meus cálculos, durante esses dez anos visitando 143 países (e revisitando vários deles), gastei cerca de US$ 180 mil. Nem tudo foi comigo. Paguei para meus filhos e esposa quase todas as viagens que fizemos juntos.

Frederico, o mais novo, conheceu mais de 80 países comigo. Rodrigo, o mais velho, e minha mulher estiveram, cada um, em cerca de 15 destinos diferentes ao meu lado. Paguei ainda passagens e pacotes para um ou outro amigo.

Sou o brasileiro com mobilidade reduzida mais viajado do mundo, sou simples e muito barato. "Como esse homem gastou tudo isso em viagens e ainda se acha barato?", você pode pensar. Explico: se outra pessoa tivesse viajado na mesma proporção que eu, teria gasto no mínimo três vezes mais. Entende? Esse é o meu estilo de vida, não só de viagem.

Se me oferecerem uma passagem aérea de primeira classe para ir a qualquer lugar do mundo, optarei trocar por três na classe turística. Prefiro ir três vezes diferentes de forma mais simples. Se vou a um restaurante, principalmente no Brasil, não costumo pedir vinho. Porque em vez de me satisfazer só naquela única hora, eu posso comprar cinco garrafas de um vinho similar e me satisfazer cinco vezes diferentes em casa com o mesmo valor. Como de fato eu faço. Todo dia tomo vinho ou cerveja artesanal. Compro sempre caixas das bebidas que gosto. Assim fico mais feliz.

Isso me remete a outra questão: há tempos deixei de ser turista para ser viajante. Vejo minha jornada pelo mundo a longo prazo. O turista é aquele que gasta tudo numa só saída porque viaja uma vez por ano. O viajante é quem viaja 10 vezes por ano sabendo que vai ter a 11ª e a 12ª. Não dá para me limitar a uma "viagem dos sonhos", se tenho tantos sonhos e vários destinos na minha lista de desejos.

Não posso comprometer todo o meu orçamento em uma única oportunidade, por isso sempre deixo sobrar um pouco para a próxima. Se levei US$ 1 mil em espécie, por exemplo, quando chegar aos US$ 950, eu não gasto mais. Tenho por obrigação trazer sempre algum dinheiro de volta, nem que seja US$ 50. Funciona na minha cabeça como se estivesse sobrando dinheiro para eu gastar na viagem seguinte.

É a mesma lógica do ovo de indez. Sabedoria popular do campo. Para estimular a postura de ovos, costuma-se colocar um ovo – natural ou falso – no ninho para "chamar os demais". Conheço a técnica desde criança. Meus avós paternos moravam em sítio e tinham criação de galinhas. Inspirado nisso, desenvolvi uma crendice muito minha: todas as vezes que passeio pelo mundo, tenho que deixar um dinheiro sobrar para "chamar" o próximo passeio.

O que sobra funciona como o ovo de indez para a galinha. Para mim, isso é muito importante, porque significa que eu estou sempre conectado com a viagem seguinte. Quando se viaja uma vez só, sem outros planos, é fácil estourar o orçamento. É o caso do turista que gasta tudo o que levou, porque não sabe quando vai voltar àquele local, não sabe nem se vai voltar a viajar tão cedo. Na minha cabeça, o dinheiro que sobra de uma viagem é um fio condutor para a outra que virá. Eu não posso – nem quero – quebrar essa cadeia.

Se, apesar de todas essas manobras e precauções, um dia meu dinheiro acabar, tenho uma solução bastante simples guardada na manga. Estou decidido desde já. Entro em um navio para lavar louça e continuar percorrendo o mundo todo. Trocarei meu trabalho pela chance de atravessar mares e oceanos. Em cada porto que puder, vou descer, fotografar e escrever uma crônica. Estarei muito feliz.

Enquanto isso não é preciso, nos momentos em que lavo louça diretamente da cozinha de casa, aproveito para viajar. Mentalmente. Sem dúvida é a hora em que, sem sair do lugar, minhas ideias mais cruzam fronteiras. Desses momentos já nasceram e continuam a nascer novos projetos.

Então diga-me, caro leitor, amiga leitora, como tem colocado seu dinheiro a serviço da realização dos seus sonhos?

CAPÍTULO 5
Bagagem para a vida

"Fechei os olhos e pedi um favor ao vento:
Leve tudo o que for desnecessário.
Ando cansada de bagagens pesadas...
Daqui para frente levo apenas
o que couber no bolso e no coração."

Cora Coralina (1889-1985),
poetisa e escritora brasileira

Diante da proximidade do embarque para uma nova aventura sobre a Terra, muitos dramatizam o ato de fazer as malas. Para mim essa atividade não pesa, talvez por isso minha equipagem siga a mesma medida. Já observou que quando fazemos as coisas com leveza, as bagagens que levamos da vida tendem a ser leves também?

Carrego comigo três camisetas, uma camisa social, o mínimo de meias e cuecas necessárias – entre elas a samba-canção que uso como pijama. Os suspensórios passaram a fazer parte do conjunto ao completar 60 anos, em 2019, para garantir um toque dândi ao meu visual, principalmente nas oportunidades em que dou entrevista.

Depois que visitei o Mianmar (antes chamado Birmânia), em 2016, uma garrafa de água de 1,5 litro ou 2 litros também se tornou item obrigatório da mala que despacho. Chegamos, Frederico e eu, já de madrugada ao hotel de Naipidau, capital desse país do sudeste asiático, e não encontrei água no quarto. Liguei para a recepção e descobri que ali não vendiam. Sair pelas ruas não era uma opção naquele horário... Tomei água da torneira, relutante e temeroso.

Encontrar água potável em alguns países é difícil. Um gole errado pode levar até o mais saudável dos homens a um *tour* hospitalar. A partir dessa experiência, decidi nunca mais sair de minha casa sem o precioso líquido. Aonde chegar, seja lá o lugar em que estiver, nem sede nem aperto eu passo mais.

Para os destinos com baixas temperaturas, incluo na bagagem apenas mais duas peças: uma camisa segunda pele e uma jaqueta térmica *high-tech* que não ocupa muito espaço, nisso não economizei ao comprar. No *kit* de higiene pessoal, sempre levo vários sabonetes de qualidade, para usar no banho e para deixar um belo perfume nas roupas que precisar lavar.

Na mochila vão todos os artigos que não posso perder se a mala extraviar. Alguns remédios, duas ponteiras de reserva para as muletas, dois iPads, meu celular, carregadores dos aparelhos eletrônicos, minha agenda de papel, ameixas secas e mistura de castanhas, documentos pessoais e a papelada imprescindível para abrir-me as fronteiras: meu roteiro pormenorizado, passagens e vouchers de hotéis e passeios.

Fora isso, viajo com tênis, calça, camiseta e agasalho do corpo. Além das minhas companheiras inseparáveis, as muletas, claro! Nada mais. Pronto, tudo preparado para viajar.

Com minha dificuldade de locomoção, puxar mala é um malabarismo de alto risco. A logística, portanto, precisa ser bem pensada. Ao longo do caminho desenvolvi várias estratégias para facilitar minha vida. Por isso, no *check-in* que faço pela internet destaco que preciso de todos os serviços relacionados a mobilidade, a começar pela cadeira de rodas. A partir daí, a companhia aérea tem por dever cuidar de mim. Antes eu andava muito pelos aeroportos do mundo até descobrir que, se caísse no meio do saguão, o problema era única e exclusivamente meu. Se estou na cadeira de rodas e me derrubam, a história é outra. Eles são responsáveis por mim.

Estar na cadeira de rodas tem outras vantagens ainda. Jamais perco um voo. Tenho sempre garantido o primeiro lugar na fila. Faço imigração e alfândega primeiro que todo mundo. Quando chego ao destino, outra cadeira me aguarda. De novo tenho preferência nos procedimentos de entrada. Sou levado até o lado de fora do aeroporto, onde pego meu táxi, ônibus ou o *transfer* ao hotel.

Depois que experimentei a comodidade e a agilidade de usufruir desse direito, não puxo mais mala. Tampouco subo escadas de avião. Aprendi bem cedo que existe uma plataforma chamada *ambulifit* e as esteiras Stair Trac. Esses maquinários elevam as pessoas em cadeira de rodas para entrar e sair da aeronave quando ela não estaciona no *finger*. Há que se aproveitar – outras vezes exigir – o tratamento diferenciado que a limitação da minha perna me confere.

A única vez que precisei realmente brigar para isso foi no Brasil. A briga aconteceu justamente no maior aeroporto do país, em São Paulo/Guarulhos. Estava chegando de Buenos Aires, em 2015, tinha ido com um amigo fotógrafo para fazer ensaios fotográficos meus em Ushuaia e El Calafate. Ele desceu antes de mim. Eu disse à comissária que só desceria com *ambulifit*. Uma hora e meia de espera. Ela ficou em pé ao meu lado o tempo todo, exalando ódio e pressão. Dizia que "por minha causa" perderia conexão. Enquanto isso, meu amigo seguia preocupado sem saber de mim.

Não era por minha causa! Nem é por causa de nenhuma das pessoas com necessidades especiais que se animam a circular por ali, apesar das dificuldades que encontram. Segundo levantamento do IBGE de 2019, 45 milhões de brasileiros têm algum tipo de limitação física, o que representa 25% da população nacional. Parecem ser bem menos, porque não os vemos com frequência. Muitos deles enfrentam dificuldade para se deslocar, como eu, e acabam mais resguardados em casa.

Não fui eu que causei a demora! O problema foi a (in)disponibilidade de estrutura adequada. Em um aeroporto com três terminais que embarcaram e desembarcaram 38 milhões de passageiros naquele ano, segundo os dados do Portal Aviação

Brasil, havia apenas quatro *ambulifits*. Dois estavam fora de funcionamento naquele momento, pelo que fui informado.

Repito: depois que tomei conhecimento dos meus direitos nunca mais deixei de exigi-los. Seja em Katmandu, onde o aeroporto assemelhava-se a uma rodoviariazinha e é menor do que o de São Luís, seja em Dubai, Paris, Alasca ou Caribe. Não me arrisco mais naquelas escadas móveis inclinadíssimas e instáveis, com degraus enormes, acopladas aos aviões que estacionam no meio da pista.

Facilitar ao máximo meus deslocamentos é um direito e manter-me leve é uma necessidade nas minhas condições. Mas meu propósito maior de levar o mínimo necessário na mala é garantir muito espaço livre para a volta. Preciso de lugar para trazer as compras da viagem, que não costumam ser poucas.

Uns dizem que sou colecionador, outros que sou acumulador. Vou resumir um pouco das minhas coleções e você, caro leitor, amiga leitora, poderá tirar suas próprias conclusões: no exato momento em que estou escrevendo o livro, já pisei em 143 países do globo – muitos deles mais de uma vez – e tenho 570 canecas e xícaras, sete passaportes (quatro deles preenchidos por carimbos) e 18 agendas, além de todo meu apartamento decorado e equipado por artigos trazidos dos mais distintos cantos do planeta.

As agendas são a coleção mais antiga, tenho por costume guardá-las antes mesmo de o acidente acontecer. Desde 1992, assim que amanhece, registro em que lugar estou para saber mais tarde onde vivi aquele dia. À tarde, também anoto as atividades mais importantes que realizei. São as muletas da minha memória. Não chegam a ser diários por minha preguiça mental de alongar as descrições.

Durante muito tempo, controlei por meio delas todos os meus gastos, cada centavo. Principalmente durante o Governo José Sarney (1985-1990), quando a inflação anual saltou dos 240%, em 1985, para os escandalizantes 1.000%, em 1988, chegando a bater 2.400%, em 1993. Ao fim de cada mês, fechava as contas e dolarizava os valores calculados. Há tempos não faço isso, mas permaneço inaugurando minhas agendas antes mesmo de começar o ano. Escolho aleatoriamente um dia por volta do mês de setembro ou outubro para anotar algumas reflexões. "Como estará minha vida? Quantos países terei conhecido até aqui?" É um dos exercícios de futurologia que me divertem.

O outro talvez seja o grande segredo da minha bagagem: sempre embarco com diversos presentinhos na mala. Boa vontade, simpatia e lembrancinhas abrem portas. Lenços, broches, brincos, camisas, artesanatos do Maranhão, brinquedos... de tudo. Alguns dos sabonetes que levo são também para esse fim (os sabonetes brasileiros são muito apreciados lá fora).

Não sei quem irá receber essas recordações, por isso tenho para todo tipo de gente e idade. Alguém que me ajuda no aeroporto, quem me recebe bem no hotel ou aquela pessoa que conheço em um café e, de repente, torna-se uma grande amiga. Tenho a sorte de atrair e ser atraído por pessoas do bem. Isso favorece e enriquece minha caminhada.

Quando estive em Tunes, na Tunísia, o gerente do hotel preparou um jantar fantástico para mim e duas moças francesas que estavam hospedadas lá. Foi um mimo que nos fez, sem cobrar nada extra por isso. Enquanto filmava tudo, fiquei preocupado por achar que não tinha nada para retribuir a ele. Encontrei na mala um último pacote de café, e lhe dei. Ele ficou maravilhado! Lá, como em muitos lugares do mundo, eles são loucos pelo café brasileiro.

Deixo pelo caminho o café nacional e compro os grãos internacionais. Os variados tipos de café adquiridos pelo mundo ajudam ainda a acolchoar o interior da mala para acomodar as peças mais frágeis. Essas iguarias regam muitos encontros com amigos para falar das viagens e de outros projetos pessoais. Com a desculpa de degustar essas delícias criei a Confraria do Café. Reúno regularmente cerca de 20 pessoas das mais diferentes atividades. Dessas ocasiões nascem muitas conversas interessantes e novas amizades entre os convidados.

Apesar de todos os cuidados para manter minhas compras intactas, nem tudo resiste ao lançamento de malas dos aeroportos. Por vezes, quando chego à minha casa depois das viagens, sou tomado de tristeza. Muitas peças de louça viram farinha. Mas não desanimo. Desistir jamais. Sou apaixonado por utensílios de casa. Uma das maiores loucuras que já fiz foi comprar um conjunto de jantar inteirinho na África do Sul. O mais impressionante: não quebrou uma só peça! Desfruto diariamente de colocá-lo à mesa.

Costumo voltar com algo inusitado assim. Inclusive muitas lembrancinhas para dar aos que, no Brasil, aguardam meu retorno. Além de que, em aniversários e ocasiões especiais, tenho sempre um presente diferenciado para oferecer. Outro dia, uma famosa apresentadora de TV relevou, em entrevista, ser tão fascinada por *souvenirs* que, se lhe dão uma caneta, ela já fica radiante. De fato, nunca entreguei um presente sem ter recebido em troca um sorriso. Sempre gostei de deixar boas lembranças, seja em forma de presente ou de memórias.

As memórias, aliás, são minha coleção favorita acima de todas as outras. Por sorte, não ocupam espaço na mala. No celular tenho 15 mil fotos e 3 mil vídeos para ilustrar o que vi, ouvi e vivi. Mantenho no bolso um pente, com ele me preparo para cada clique. Quero registrar inúmeras paisagens impressionantes, os atrativos únicos de cada lugar, os costumes locais, as pessoas que conheci e algumas situações inusitadas que acabei vivendo.

Outra preciosidade que coleciono são os amigos que faço pelo caminho. Pessoas sensacionais com histórias incríveis. Já tive quase 5 mil amigos no Facebook (até que houve um problema na minha conta), além de manter mais de 400 contatos no meu celular, com quem estou sempre trocando mensagens. Para muitos deles entreguei uma das lembrancinhas que mencionei. Todos eles fazem parte dessa leve e prazerosa bagagem mental que carrego pela vida.

CAPÍTULO 6
Em boa companhia

"A vida é um livro e quem não viaja lê apenas a primeira página."

Santo Agostinho (354 d.C. – 430 d.C.), teólogo e filósofo

Uma das melhores coisas da vida é viajar. Li em algum lugar que "viajar primeiro nos deixa sem palavras, depois nos transforma em contadores de histórias". No meu caso, não só histórias minhas, mas também de tantas outras pessoas que encontro pelo caminho. Porque viajar, para mim, não é apenas visitar lugares. O mais fascinante de sair pelo mundo é conhecer pessoas diferentes, escutar suas histórias de vida e aprender com elas.

Sigo à risca a máxima de "quem tem boca vai a Roma". No louco ano de 2020, entre tantos acontecimentos estranhos, surgiu até uma reinterpretação desse histórico ditado. Espalharam pela internet que o correto seria "quem tem boca vaia Roma", em resposta aos desgovernos dos então imperadores. Mas essa *fake news* logo foi rebatida. A expressão idiomática surgiu em função das diversas vias de acesso construídas para fortalecer a capital romana como centro do mundo durante o Império Romano. Todos os caminhos levavam a Roma, bastava perguntar e qualquer um podia ajudar o viajante a chegar lá. Pela minha vivência, consultando outras pessoas, tenho alcançado os lugares mais inusitados do planeta com o bônus de contar com novas e boas companhias.

Quando da viagem a Xangai, na China, em setembro de 2015, não contratei intérprete ou guias, pois todos que consultei pela internet cobravam caro demais. Embarquei para aquele país de proporções gigantescas e cultura peculiar com meu amigo paulistano da gema Elson Luís Possi. Antes mesmo de pegar o avião disse a ele: "Abordaremos quem falar português se conhece a China ou mora lá, para nos auxiliar".

Elson é o maior exemplo de generosidade que conheço. Amigo de meu amigo George Mayrink, um carioca residente em São Luís, esposo de Wildete, amiga de infância de Heloisa. Elson e sua mulher Cleusa chegaram de surpresa uma noite no meu quarto do Hospital São Camilo com duas pizzas na mão, sorriso largo e jeito expansivo, informando que estavam ali para cuidar de mim. A partir daquele momento, Elson se tornou meu anjo da guarda e visitou-me com frequência durante minha internação no final 2003 e começo de 2004. Mesmo sem me conhecerem, abriram gentilmente as portas de sua casa para mim e minha família. Tive por parte deles um apoio melhor do que de muito irmão. Não me deixaram faltar nada. Eles não tinham nenhuma obrigação de fazer absolutamente nada do que fizeram. Dois seres humanos fantásticos! Eles praticamente me adotaram. Tornamo-nos amigos próximos e já tive a alegria de recebê-los também em minha residência.

Elson nunca tinha saído do Brasil e aceitou me acompanhar até o outro lado do mundo. Estava totalmente disposto a pagar o que fosse por um guia local, e se recusou a abordar desconhecidos. Já eu, acostumado a fazer isso, aproveitei a conexão no aeroporto de Atlanta, nos Estados Unidos, para me dirigir a um jovem que estava sentado, aguardando o mesmo voo. Perguntei a ele sobre a China. Para nossa grata surpresa, Manuel Netto, mineiro, estudava o mercado financeiro na Universidade de Xangai e residia naquela cidade havia dois anos. Ele não só nos deu as dicas iniciais, traçou todo um roteiro de turismo, como nos levou do aeroporto ao hotel.

Além disso, nos dias seguintes, nos acompanhou durante passeios e compras em suas horas livres. Somos eternamente gratos a Manuel e esperamos poder retribuir um pouco de seu enorme altruísmo algum dia. Esse momento, com certeza, chegará!

Abordar as pessoas em busca de informações e dicas – ou por pura curiosidade – costuma me render bons amigos que cuido com esmero ano após ano. Tenho um grande poder de atrair gente boa, graças a Deus. Talvez meu senso crítico também me ajude a perceber se há boa intenção e bom coração em quem se apresenta. Nessa década percorrendo o mundo, nunca caí em enrascada. Muito pelo contrário. Conheci tanta gente em viagem que facilitou minha vida...

Mais uma prova disso, como já contei, é que conheci em 2013 no avião meu grande amigo e assessor na compra de passagens Ivan Carlo Zanella. Sua ansiedade andando de um lado para outro me chamou a atenção ainda no aeroporto e, depois de embarcar, quando o vi sentado na poltrona bem à minha frente, não resisti a abordá-lo.

Em outra oportunidade, em 2017, num voo de volta para casa, vindo de Dubai, sentei por engano no lugar errado... O dono da poltrona, muito solícito, me disse: "Posso te ajudar?" Mostrou que meu assento era outro e começamos aquela conversa: "De onde você vem? Para onde vai? O que você faz?" Algo entre as grandes questões da existência humana e o *script* básico de perguntas a um desconhecido dentro de um avião. As respostas sempre podem surpreender – e muito. Ele me contou que montava roteiros VIP para clientes de alto poder aquisitivo e com desejos que fogem completamente aos pacotes comerciais.

Rafael Kalinowski ainda é bastante jovem (não deve ter entrado na faixa dos "enta") e já viajou o mundo inteiro de forma diferenciada! Magro e muito educado, o brasileiro vive com a esposa em Carmelo, no Uruguai. A cidadezinha ao lado de Colônia do Sacramento, no Uruguai, seria um lugar remoto e ignorado se não fosse o polo produtor de premiados vinhos do país e destaque do enoturismo.

Desde então, trocamos muitas mensagens pelo WhatsApp. Ele me mostra quando está nevando, me manda fotos das paisagens da região. Em 2020, preparou para mim o itinerário de volta ao mundo mais sensacional e exclusivo que alguém pode sonhar: só de ilha em ilha. Saindo do Havaí, seguindo pelas ilhas "perdidas" do Pacífico até chegar à Ásia. Ele sabe os dias específicos da semana em que saem os voos de uma para outra. Ainda por cima me garantiu que vou gastar muito pouco.

Em outro avião, desta vez no trajeto Madri-São Paulo, nas poltronas ao meu lado acomodaram-se Carlos Margotto e Rosa Junqueira. Ocasionalmente começamos uma conversa que se prolongou por todo o voo e seguiu após o desembarque no Aeroporto Internacional de Guarulhos. O casal, da maior simpatia, me convidou para ir à casa deles tomar banho e jantar durante as seis horas que duraria minha escala. Não pude aceitar. Ficaria muito preocupado com os horários do próximo voo.

Um mês depois, estava passando de novo por São Paulo e prometi que faria uma visita. Antes precisava ver Elson e Cleusa, com quem me hospedei por dois dias. Na terceira noite, nós três fomos jantar na casa de Carlos e Rosa, onde fiquei por mais um par de dias. Na enorme cidade de São Paulo, os dois casais, coincidentemente, moravam perto. Desde que se conheceram, ficaram muito amigos e se encontram com frequência. Cleusa e Rosa já vieram juntas para São Luís, ocasião em que minha família e eu pudemos apresentar um pouco da nossa terra natal para elas e estreitar nossos laços.

CONTATOS IMEDIATOS DE PRIMEIRO A SEXTO GRAU

Não é só por conta do acaso que conheço muita gente nas minhas aventuras. A cada canto que vou, peço indicações a conhecidos. Pessoas boas sempre me apresentam gente bacana mundo afora. Não existe melhor cicerone do que quem mora no local que quero conhecer e ainda fala meu idioma. Várias vezes essas pessoas me abrem as portas de lugares que os turistas não costumam frequentar, diversas vezes abrem as portas de suas próprias casas e, de vez em quando, abrem portas que vão muito além da imaginação. Como aconteceu no Timor-Leste.

O Timor-Leste foi uma das minhas paradas no *tour* que fiz por dez países asiáticos (daquele pacote sobre o qual contei anteriormente, que ganhei de presente de Deus, lembra?). Penha, uma amiga de minha irmã Isabel, foi me encontrar no hotel meia hora depois que cheguei à capital Díli. Ela é professora de português nessa ilha colonizada por portugueses até 1975, dominada pela Indonésia por mais de 20 anos, e que sempre conviveu com vários dialetos. Nascida em uma família simples no interior do Maranhão, Penha estudou muito, mudou para Brasília por motivo de trabalho e, via ONU, foi enviada ao Timor-Leste. Ela me fez uma proposta irrecusável: convidou-me para dar uma palestra sobre minhas viagens.

O evento aconteceu no dia seguinte em um grande Centro Cultural da cidade. Na plateia estava ninguém menos do que José Manuel Ramos-Horta, Prêmio Nobel da Paz em 1996, por sua luta para libertar os conterrâneos da opressão e, mais tarde, presidente do Timor-Leste (2007-2012). Esse país só conquistou sua independência no século XXI, quando se tornou membro das Nações Unidas. Ramos-Horta me cravou de perguntas, contou que tinha visitado o Brasil na época do Governo Sarney e, antes de ir embora, me deu um livro seu autografado.

Jamais teria imaginado que entre mim e essa personalidade existiam apenas três graus de separação... Você conhece a "Teoria dos Seis Graus de Separação"? Ela sugere que todas as pessoas do mundo estão interligadas por alguns poucos laços de amizade. Foi formulada no conto "Cadeias", da obra de ficção *Tudo é diferente* (1929), do escritor húngaro Frigyes Karinthy. Ela foi testada na prática pela primeira vez, em 1960, pelo psicólogo norte-americano Stanley Milgram, quando ganhou corpo e esse título. Milgram conduziu um estudo com 300 pessoas para as quais entregou um pacote destinado a um determinado morador de Boston. Elas deviam enviar esse pacote a conhecidos que pudessem ter conhecidos que conhecessem esse homem. Cem pacotes chegaram ao destino final e eles passaram por seis etapas, o que cravou a quantidade de "graus".

Com o avanço dos meios de transporte e de comunicação, os habitantes da Terra foram ficando mais conectados entre si, como previa Karinthy. Até que as redes sociais estreitaram ainda mais essas conexões. Em 2016, os algoritmos estatísticos do Facebook fizeram as contas entre sua base de dados de 1,56 bilhões de usuários e mostraram que essas pessoas estão interligadas por uma média de 3,57 e 4,57 graus de separação.

Por meio de amigos de amigos já descobri um maranhense que trabalha no *The New York Times* e um brasileiro que faz parte da equipe da cozinha do Papa Francisco. Espero um dia chegar a estabelecer contatos imediatos de primeiro grau com eles. Dessa forma, poderei realizar o sonho de ver minha história contada nesse conceituadíssimo jornal e poder conhecer o mais sensato ser humano a assumir o mais alto posto da igreja católica.

Em outros momentos, fui o elo de ligação entre indivíduos que nunca tinham se visto na vida. Rosangela Tullio esteve em Orlando fazendo compras, alguns anos atrás. Adquiriu um iPhone e deixou o aparelho carregando no escritório do hotel por não ter adaptador para colocá-lo na tomada do seu quarto. No dia seguinte, ao voltar para pegá-lo, encontrou outro aparelho quebrado dentro da sua capinha. Disparou um alarde no hotel em busca do ladrão. Como não se desenrola muito bem no inglês, pediu a ajuda de um brasileiro que trabalhava ali, José Leônidas da Silva. Ao chamarem a polícia, apareceram cinco viaturas. Rosangela e José Leônidas foram levados à loja em que tinha sido feita a compra, e lá descobriram o endereço onde o sistema de localização geográfica apontava estar o celular. Terminaram todos dentro do apartamento do recepcionista do hotel, onde encontraram dez aparelhos roubados. Rosangela recuperou seu iPhone e o rapaz saiu algemado.

Já aliviada com o desfecho do caso, Rosangela pôde conversar com mais calma com José Leônidas para agradecer seu apoio. Papo vai, papo vem, percebeu um sotaque e perguntou de onde ele era. Ele disse, de forma genérica, que era do Nordeste. Ela então comentou que seu irmão morava em São Luís do Maranhão há 40 anos e ele falou que o proprietário do apartamento onde morava em Orlando também era da capital maranhense. "Um homem chamado Luiz Thadeu, que tem um problema em uma das pernas e viaja o mundo inteiro." No caso, eu! Rosangela, admirada com a coincidência, disse que era minha amiga. Tínhamos nos conhecido por meio de seu irmão, viúvo de minha ex-dentista. Ela abriu seu WhatsApp e mostrou minha foto para confirmar que falavam da mesma pessoa.

Nem sempre as interligações que descobrimos mundo afora têm tanta tensão ou *glamour* envolvido, como os dois episódios que acabo de relatar. Nas minhas andanças pelo planeta, já usufruí muito dessas conexões de primeiro a sexto grau e posso garantir que o que há sempre é muito carinho, atenção, alegria e casualidades envolvidas.

Em novembro de 2015 fui conhecer Toronto, no Canadá, o nonagésimo segundo país visitado. Foram me receber no aeroporto Angélica Ne e sua mãe, Ceres. Cheguei até elas por meio do pai de Angélica e ex-marido de Ceres, meu amigo e corretor Sérgio Barbosa. A jovem e a mãe residem há vários anos naquela cidade.

Após as devidas apresentações, ainda no percurso entre o aeroporto e a casa da anfitriã, comentei de minha ida ao Equador na semana seguinte. Entre espanto e admiração, Ceres me contou que tinha uma grande amiga em Quito. São amigas-irmãs desde que ambas moraram em São Luís nos anos 1980 e princípio dos anos 1990. Coisas do destino.

Fui apresentado virtualmente a essa amiga, Susana Bores, e logo passamos a nos comunicar por meio de WhatsApp, Skype e Messenger. Dez dias depois, quando desembarquei na capital equatoriana, estava me aguardando no saguão Gerardo Dorfflinger, filho de Susana, acompanhado de sua jovem esposa, Veronica.

Do aeroporto fomos para a chácara de Susana, localizada em uma colina nos arredores de Quito. Em torno de uma mesa farta, regada por muitas risadas e Guaraná Jesus, conversamos sobre conhecidos em comum, e sobre a Ilha do Amor, de que tanto Susana como Gerardo têm saudades e a qual querem voltar a visitar. Durante os quatro dias que permaneci na cidade, hospedado em um *hostel*, fui ciceroneado por essa encantadora família e conheci muitos lugares fantásticos fora do circuito "para turista ver".

Na primeira vez que fui à Austrália, em 2016, quem me recebeu no aeroporto de Sydney foi Renato Barlati, um cliente de seguros de meu amigo Elson. Assim que contei meus planos de ir à terra dos cangurus, Elson nos apresentou virtualmente. Renato me hospedou na casa onde morava com seu amigo de infância, Erick Vavretchet, paulistano e cidadão australiano. Fiquei muito amigo de Erick, maravilhosa companhia em diferentes passeios que fiz por lá. Tivemos uma sintonia tão bacana que quando fui a Bangkok, no ano seguinte, 2017, Erick viajou para conhecer a capital da Tailândia comigo.

Hoje ele mora em Oslo, na Noruega. Mas em 2018, quando voltei para conhecer mais do impressionante e apaixonante país-continente australiano, Erick me recebeu outra vez em Sydney e abriu sua casa também ao meu amigo de infância que me acompanhava nessa viagem. Luís Sebastião Azevedo era meu vizinho quando residia na Avenida Treze, Rua 37, Casa 21, III Conjunto Cohab-Anil. Parceiro de jogar bola nos campos de terra, passarinhar e fazer longas caminhadas. Passamos 40 anos sem nos vermos até nos reencontrarmos no final de 2014, por meio das redes sociais. Fomos os dois, já senhores, com seus sonhos e limitações – eu de muletas e Luís Sebastião com seu passo lento por conta de um AVC sofrido três anos antes – desbravar o outro lado do mundo.

Essa mesma viagem também teve um gosto especial porque fomos acolhidos em Brisbane por Perla, maranhense casada com um australiano e irmã de minha grande amiga de infância Lys. Ficamos cinco dias na casa deles. Fui extremamente paparicado e fortalecemos nossos vínculos. Na ocasião, Luís Sebastião e eu visitamos também Melbourne, Camberra e Gold Coast, capital do surf no país. Depois seguimos para a Nova Zelândia, onde revisitei Auckland e conheci Christchurch, cidades espetaculares onde continuamos sendo muito bem tratados pelos locais, sempre simpáticos e bem humorados.

Passado um tempo, fui informado por meu filho Frederico que uma colega sua de colégio estava em busca de lugar para morar na Austrália. Comuniquei-me com Perla, que abriu instantaneamente suas portas. "Pode mandar ela pra cá." Adryelle Moreira habitou por quase três anos aquela deliciosa casa que me acolheu.

Por meio de Lys também tive a oportunidade de tomar um bom vinho na companhia de outro ludovicense agradabilíssimo: Sérgio Penha, no Porto, em Portugal. Lys e Sérgio trabalharam muitos anos juntos na Caixa Econômica Federal. Depois de aposentado, ele e a esposa alugaram a casa em São Luís, pegaram todo o dinheiro que tinham e foram experimentar a vida em Gaia. A cidade fica a uma ponte de distância do Porto e na minha última passagem por lá, em dezembro de 2019, nos conhecemos e batemos um delicioso papo enquanto tomávamos o típico vinho local acompanhados de nossas esposas. Assim nos tornamos também bons amigos, ainda sem saber o impacto que as notícias daquele mês, provenientes da China, mudariam nossas vidas. Mais do que nunca estamos todos invisivelmente interligados!

REAÇÃO EM CADEIA

Muita gente que conheço de forma aleatória, ou não, nas minhas andanças por esse mundão de Deus passa a fazer parte de minha vida, pois sempre estou, de uma maneira ou de outra, mantendo contato e estendendo essas amizades por meio de novas conexões.

Mesmo com minhas limitações linguísticas, consigo obter informações sobre as pessoas de qualquer origem e passar algumas informações minhas para elas. Frederico é testemunha disso. Meu grande companheiro em mais de 80 destinos, várias vezes pôde comprovar por meio do seu inglês fluente e de seu espanhol robusto que essa troca tinha acontecido realmente. Afinal, estabelecer uma comunicação não depende de falar outra língua. Tem muito mais a ver com a vontade de ouvir e entender o outro. Uma vez que me conecto pelas redes sociais e por WhatsApp com esses novos amigos, posso seguir em contato com eles. Conto com a tradução de Frederico para entender melhor as mensagens e respondê-las.

Provavelmente pela língua facilitar ainda mais meu entrosamento e por já ter ido a Portugal seis vezes, tenho bons amigos por lá e saí três vezes na imprensa local. Mantenho uma longa amizade com Pedro Duarte de Oliveira, o dono do *hostel* We Love F. Tourists, onde costumo ficar em Lisboa, na Baixa Pombalina e com sua mãe, Leonor Capelo. Tenho na sala de minha casa um quadro pintado por ela, que recebi de presente de aniversário pelo correio alguns anos atrás.

No primoroso e muito premiado *hostel* deles, conheci Roberto de Los Santos, em 2017, um estudante norte-americano de medicina que, ao ver minhas muletas, se interessou pelo meu caso clínico – e pela minha disposição em subir a escadaria da entrada que tem uns 80 degraus. Iniciamos a conversa em meu inglês precário. Assim que me contou que era texano, filho de mexicanos, a conversa passou a ser em "portunhol". Roberto estava em uma viagem pela Europa, nos conectamos pelas redes sociais e passei a acompanhar suas postagens, sem nunca mais termos nos falado.

Quase dois anos depois, em janeiro de 2019, ele entrou em contato comigo pelo Messenger, já como médico ortopedista de um hospital de Houston, Texas. Queria saber do meu interesse em ser entrevistado para uma matéria em uma publicação da área dele. Claro que sim! Sempre! Marcamos uma videoconferência para o dia seguinte. Conversamos duas horas detalhando o acidente, questões do tratamento, as 43 cirurgias, a osteomielite, as experiências com o Ilizarov, o convívio com a dor, os impactos na minha vida pessoal e profissional e, como não podia deixar de ser, falamos sobre as viagens por mais de 140 países em todos os continentes.

Para complementar, mandei várias fotografias das pernas e dos locais visitados. Enviei meus exames com laudos e assinei um termo de autorização para uso de imagem. Ele escreveu um belo artigo sobre minha história para a *Hallux Magazine*, revista norte-americana de medicina, que saiu em março de 2019, com o melhor título que já deram para uma matéria sobre mim: "Luiz: 130 countries, 43 surgeries, 2 crutches" (Luiz: 130 países, 43 cirurgias e 2 muletas). Se quiser ler, acesse o *link*: bit.ly/36djOch.

Ainda em Portugal, quando estive no Porto em maio de 2018, nasceu um poderoso ciclo de amizades entrelaçadas que vem se estendendo até hoje. Cheguei ao hotel de trem, fiz meu *check-in* e subi ao quarto para acomodar minha bagagem. Desci em seguida para tomar um café, aquecer o corpo e enfrentar o friozinho do outono europeu. Aproveitei para conversar com o recepcionista. Contei sobre minhas viagens, mostrei fotos e perguntei se ele tinha o contato de algum jornal local. A seguir, me ofereceu o telefone do maior matutino do Porto. Liguei para a redação na esperança de mais uma entrevista em território lusitano. As primeiras foram para um jornal e um canal de TV em Lisboa, em 2014 – episódio que relatei em detalhes no capítulo "Entre apuros, perrengues e gentilezas".

Percebi que o sol estava se pondo e corri para a rua, para fotografar o entardecer e as primeiras luzes da noite que chegava. Prática que tento manter diariamente, onde quer que me encontre. Fiz a foto, voltei ao hotel, e postei nas redes sociais, marcando que estava no Porto. Instantaneamente, recebi uma mensagem através do WhatsApp de minha querida mestra e colega de profissão Antônia Lima Oliveira. Ela me contou, toda eufórica, que tinha um grande amigo residente ali.

Não passou meia hora e já estava em contato com o afável português Francisco Manuel Brandão, conhecido como Paco pelo séquito de amigos e fãs. Bom papo, passamos em revista vários amigos em comum. Gentilmente ele me apanhou no hotel um tempo depois e me levou para visitar sua bela cidade e ainda fomos jantar, em companhia de sua esposa Conceição e de uma amiga.

No dia seguinte, outra ótima surpresa: dei entrevista para a jovem jornalista Célia Soares e fiz uma sessão de fotos para o jornal *A Notícia* que se transformaram numa matéria de duas páginas com ótimas imagens.

Desde então tive o prazer de reencontrar Paco duas vezes em minha terra natal, entre os vários compromissos sociais dele, e pude desfrutar de sua maravilhosa companhia. Ele tem fortes laços com o Brasil, pois viveu durante alguns anos no Rio de Janeiro. Por isso, passei a chamá-lo de "cônsul do Brasil no Porto".

Poucos dias depois do nosso último encontro em território nacional, ele me escreveu para contar que se preparava para ir ao Zagreb, capital da Croácia, acompanhando Conceição a um Congresso de Cardiologia. Comentei que tinha uma amiga brasileira lá. Lília Navarro, uma mineira comunicativa, espirituosa, casada com um alemão, é dessas pessoas que você gosta de início, mesmo sem conhecê-la pessoalmente. Somos amigos virtuais, nos conhecemos por meio desse espetacular invento das redes sociais, que já conectou dois terços dos habitantes do planeta, tornando o mundo menor e mais próximo.

Assim que soube desses planos, liguei para Lília e falei da ida dos meus amigos portugueses. Ela prontamente se disponibilizou a entrar em contato com eles e assessorá-los. Passei os contatos de um ao outro e logo Francisco e Lília estavam trocando informações necessárias para futuros encontros em terras croatas. Após se conhecerem pessoalmente, Lília levou o casal para conhecer a bela Zagreb, cidade que visitei em julho de 2014. Durante a Copa do Mundo sediada no Brasil, assisti ali ao jogo entre Brasil e Croácia em um telão montado em praça pública, durante uma noite muito fria, com meu filho Frederico. O Brasil venceu por 3 a 1.

No começo de fevereiro de 2019, uma amiga do Colégio Batista, Ana Lília Menezes, em passeio com o marido por Lisboa, teve um problema de saúde. Entrei em contato com Francisco Brandão. Bastou falar do caso dela para ele se dispor a ajudá-la. Generoso e disponível, telefonou para sua nora Isabel Carvalho, que mora em Lisboa, pedindo que fosse visitar Ana Lília no hospital, levando uma palavra amiga e apoio. Um gesto da maior grandeza!

Pouco tempo depois, eu estava pela terceira vez em Dubai, nos Emirados Árabes. Bastou postar fotos da cidade, que mais lembra uma Disneylândia para adultos, e Lília, do Zagreb, me escreveu perguntando se eu estava naquela cidade. Ela entrou em contato com amigos brasileiros que moram lá. Então a mágica das conexões se deu novamente.

Fui apresentado virtualmente e depois pessoalmente a Christiane e Rômulo Santos, um casal carioca que experimentou viver em diferentes pontos do mundo até fixarem morada na bela, fascinante, rica e surpreendente cidade árabe.

Logo que deixei Dubai rumo ao Chile, meu filho Frederico e seu amigo Túlio desembarcaram na cidade. Estavam em giro pela Ásia e conheceram meus novos amigos, Rômulo e Christiane, colocando em prática a teoria do psicólogo Stanley Milgram.

Dessa maneira minha rede de relacionamentos cresce mais do que meus quilômetros rodados. Não canso de me surpreender como o mundo é conectado. Quanto mais circulo pela Terra, menor ela me parece. Ivan é testemunha de um encontro inusitado que reforça essa minha sensação e comprova que alguns fatos acontecidos comigo podem parecer fantasiosos, mas são só a realidade superando a imaginação.

Na terceira vez que fomos juntos a Israel, em 2019, gastamos algum tempo no estacionamento do aeroporto de Tel Aviv em busca do carro que alugamos. Ivan foi caminhando na frente para tentar localizar o automóvel. Ficou um tempo perdido, até que voltou para me buscar. Justo naquela hora, graças à demora, lá do meio do estacionamento escutamos alguém que me chamava: "Ô, Luiz!". Era Daniel Silva, um rapaz que conheci em outra ocasião em que estive em Israel.

Conheci Daniel e seus pais em 2014, em Jerusalém, no Monte das Oliveiras. Ele já morava em Dublin, na Irlanda, e tinha dado aquela viagem de presente surpresa aos pais, ambos evangélicos. Conversamos gostosamente e nos adicionamos como amigos no Facebook. Mas algum tempo depois seu perfil foi clonado e perdemos nossa conexão. "Estava tentando retomar o contato, mas não conseguia. Agora acabo de ver o Luiz passando aqui na minha frente", ele mesmo relatou no vídeo que fizemos para registrar aquele encontro. Inacreditável! Sem contar que isso aconteceu no exato dia em que completava quatro anos do falecimento de seu pai.

    Vivi outro encontro surpreendente em Adis Abeba, capital da Etiópia. Era dia 12 de maio de 2019, Dia das Mães no Brasil. Eu estava tomando café da manhã no hotel e um cara gritou para mim: "Luiz Thadeu!" Eu estava distraído e tomei um susto. "Te sigo nas redes, sabia que você estava por aqui. Só pode ser você. Pelas muletas." Era Edilson Massuete, um rapaz que eu tinha ajudado uns meses antes. Ele tinha perguntado sobre migração para Israel em um grupo de WhatsApp em que nós dois participamos e expliquei tudo o que sabia a ele, no particular. Edilson viaja muito com sua mulher Ingrid. Eles mantêm o canal "4 cantos 4 estações" no YouTube (Instagram: @4cantos4estacoes). O casal não tinha programado aquela estadia em Adis Abeba, mas, por causa de um voo cancelado, precisou ficar na cidade por um dia e meio. Aproveitamos para registrar em rede mundial essa casualidade, gravando uma entrevista para o canal deles. Se quiser assistir, acesse o *link*: bit.ly/3qeybVq.

DE DENTRO PARA FORA

Tenho a oportunidade de andar pelo mundo e conhecer pessoas boas, éticas, gentis e generosas. Às vezes, entretanto, nem preciso sair de casa para isso. Foi por meio de uma postagem de pôr do sol que conheci Hammad Irfan Ghori. Ao ver que alguém com nome diferente, cheio de consoantes, tinha feito uma foto do entardecer da minha Ilha do Amor, imediatamente entrei em contato com seu autor.

    Sotaque carregado, mas totalmente compreensível, conversamos bastante. A surpresa maior: ele é do Paquistão, um país que tenho muita vontade de conhecer. Um dos 51 que faltam para eu alcançar a meta maior das 194 nações da ONU. No dia seguinte tomamos um belo café da tarde em minha casa.

Descobrimos três paixões em comum: fotografia (não só de entardeceres), café e viagens. Do encontro nasceu uma fecunda amizade. Acompanhei a inauguração da sua própria escola de línguas, o nascimento de sua filha mais nova e seguimos sempre em contato.

Nem sempre, entretanto, sou eu que abordo as pessoas. Depois que passei a sair na mídia, algumas vezes desconhecidos vêm falar comigo ao conhecerem minha história. Com Cida Küster foi assim. Não tínhamos nenhum amigo em comum. Ela me enviou uma solicitação de amizade pelo Facebook após ler uma matéria sobre minhas andanças. Em 2018, comentei que iria a Curitiba, cidade onde ela mora, e que estava tentando fazer dar certo uma entrevista para a *Gazeta do Povo* (porque, da primeira vez que marcamos, o jornalista não pôde comparecer). Ela logo se prontificou a ajudar. Como já tinha trabalhado no jornal na área administrativa, tinha contatos lá e facilitou tudo para mim. Tornou-se desde então minha assessora informal. Muito dedicada e eficiente, está sempre sugerindo onde publicar minha história e agilizando contatos.

Para estimular mais gente a se abrir para novas amizades, tenho o costume de promover encontros interessantes entre pessoas queridas. Antes que o isolamento social indicado para conter a Covid-19 suspendesse por tempo indeterminado eventos sociais de todo tipo, pude realizar com frequência e regularidade a Confraria do Café, por cerca de dois anos.

Com um café *top*, garimpado nas minhas viagens, é possível reunir amigos sem gastar muito dinheiro. Pães, frios, bolos, geleias... nada disso é caro, se compararmos com um encontro movido a cerveja ou vinho, por exemplo. Além da mesa bem posta, a fórmula do sucesso para essas ocasiões é fazer um *mix* bem heterogêneo de convidados.

Chamo amigos meus que não se conhecem entre si, mas terminam se aproximando e criando novos laços. Uma vez, por exemplo, juntei dois amigos de infância, um padre transplantado, uma professora universitária, um professor de inglês (o Hammad) e uma médica. Algum tempo depois fiquei sabendo que o padre foi convidado para fazer um momento religioso por uma das minhas amigas de infância no seu local de trabalho, os professores acabaram se encontrando ocasionalmente e um convidou o outro para um evento de educação. Naturalmente os vínculos vão se estreitando e ramificando. As novas e poderosas conexões que se espalham entre eles me trazem muita satisfação!

Nessa vida tudo é energia. Sou bem-aventurado em só atrair boas energias. Tenho o privilégio de estar rodeado por indivíduos sensacionais, conectar pessoas diferentes e ser conectado por elas. Tenho enorme prazer em preservar minhas amizades.

A maior lição que recebi sobre o poder da generosidade e das conexões foi de um motorista de ônibus, quando ainda estava me iniciando na arte de viajar pelo mundo. Na época eu não tinha metas nem me considerava um viajante profissional, ele me mostrou como é possível interligar pessoas muito diferentes entre si e causar um impacto positivo na vida dos outros.

Era uma madrugada gelada, tinha nevado no dia anterior. Meu filho Frederico e eu saímos bem cedo a caminho do aeroporto para pegar o ônibus. A passagem custava 3,50 euros, enquanto um táxi ficaria sete vezes mais caro para cada um. Quando estendemos a nota de 50 euros para o motorista, ele pediu que nós saíssemos, mostrando o aviso de que não davam troco maior de 20 euros.

Meu filho desceu imediatamente e da rua, já com as duas malas ao seu lado, dizia: "Pai, desce, desce, desce". Para o meu filho, "não" é não, mas para mim, como já comentei, "não" é talvez. O "não" é sempre maleável. Permaneci ao lado do motorista pedindo "Go, go" (Vamos, vamos!). Vendo meu desespero e ansiedade, ele chamou meu filho de volta. No percurso o motorista conversou com Frederico. Disse que não ia cobrar as nossas passagens. Mas pediu que déssemos esse dinheiro, em outro momento, para alguém que precisasse.

Nossa sorte foi que aquele dia tinha um apelo religioso. Era 17 de março, Dia de São Patrício (*Saint Patrick's Day*), padroeiro da Irlanda, feriado nacional. Diz a lenda que o trevo de três folhas, que caracteriza o santo, virou seu símbolo porque ele usava a planta para explicar a doutrina da Santíssima Trindade no seu trabalho de evangelização dos irlandeses. No dia de São Patrício todos se vestem de verde e branco e bebem até cair. Além da farra, essa data tem um grande significado para os locais, um povo muito religioso.

Seguimos viagem pela Europa, Frederico e eu, mas não encontramos ninguém em dificuldade. Até que chegamos ao Marrocos. Tomamos um trem de Marrakesh para Casa Blanca. Um trem bem popular, com todo tipo de gente. Conhecemos ali um rapaz marroquino. Ele nos escutou conversando, perguntou de onde éramos e quando respondemos que éramos do Brasil, ele contou que, em um intercâmbio na Alemanha, tinha estudado com um brasileiro. Não podia acontecer coincidência maior: o colega dele era de São Luís do Maranhão e era um conhecido nosso! Impressionante!

Um senhor marroquino, sentado ao lado dele, prestava muita atenção na conversa e quis saber do que estávamos falando com tanto entusiasmo. A família e ele estavam achando incrível escutar uma conversa em outra língua – no caso, inglês. A partir dali, o rapaz se tornou um tradutor entre nós, para que o senhor pudesse participar daquela troca. Ele contou que era pastor de ovelhas e estava indo para o casamento de uma de suas filhas. Disse que tinha gostado muito de nós e que estávamos convidados para ir à boda. Achamos muito simpático. Depois de algum tempo de conversa, o senhor abaixou a cabeça e mostrou um ferimento. Relatou que tinha sido roubado e levado uma cacetada na cabeça. Foi aí que decidi que o dinheiro do ônibus deveria ir para aquele homem.

O rapaz recuou e disse que o senhor podia achar ofensivo. Mas eu insisti. Ele não quis assumir esse papel. Culturalmente não lhe parecia adequado. Então, peguei 10 euros na minha mão, coloquei na mão daquele senhor e apertei com determinação. Ele chorou, chorou. Agradeceu muito, muito, muito. Até me abraçou. Reafirmou o convite para o casamento.

Aquele dinheiro valia bastante no Marrocos. O dirrã marroquino, moeda local, é muito desvalorizado. Era possível alimentar toda sua família por um dia com aqueles 10 euros. O rapaz não esperava que o homem recebesse tão bem aquele dinheiro. Embora tivesse dito que não era para dar, a minha intuição e o meu coração disseram que eu tinha o dever de fazer aquilo. O dinheiro que um irlandês nos poupou quando precisávamos ir ao aeroporto estava chegando a uma família marroquina em necessidade. Tudo se conectou.

Aquela experiência me marcou. Desde então, mesmo sem envolver dinheiro, busco deixar impactos positivos nas pessoas que conheço e nos lugares por onde passo. O universo sempre retribui favoravelmente.

CAPÍTULO 7
Viagens extremas

"Onde quer que você vá,
vá com todo o seu coração."

Confúcio (552 a.C. – 489 a.C.),
pensador e filósofo chinês

A proeza de já ter conhecido 143 países - e revisitado vários deles - acrescentou um feito diferenciado: em menos de 30 dias, eu pisei em duas extremidades do planeta. Era 2013. Comecei pela "cidade do fim do mundo", a famosa e muito acessível Ushuaia. Cidade turística da Argentina, localizada no arquipélago da Terra do Fogo, extremo sul da América do Sul. "Cidade mais austral do mundo", "Ussuaia" (como a população local pronuncia seu nome) é também o ponto habitado mais próximo da Antártida, a apenas 1 mil quilômetros de distância do continente congelado. Fui terminar essa jornada de extremos em um dos lugares mais inusitados que visitei nas minhas andanças pela Terra: "a cidade onde começa o mundo". Por isso, vou falar dela primeiro.

Quando estive lá, tinha o nome de Barrow, mas a partir de 2016 seus eleitores decidiram voltar a chamá-la Utqiaġvik, seu tradicional nome na língua nativa iñupiaq. Nada mais justo, já que é uma cultura da qual se tem registro desde 800 anos antes de Cristo e o nome Barrow foi dado 1901 anos depois de Cristo. Mas, por causa disso, a placa "Aqui começa o mundo", que registrei em foto já não existe mais. Mas segue lá outra placa emblemática: "Top of the World" (Topo do mundo).

Localizada no Alasca, já dentro do Círculo Ártico, Utqiaġvik é a cidade mais ao norte dos Estados Unidos e das Américas, quiçá do globo... Compete com Hammerfest e Longyearbyen (ambas na Noruega) pelo título de localidade mais setentrional do mundo. Tiksi só não deve estar nesse páreo devido ao seu *status* não se encaixar exatamente como "cidade" dentro das complexas classificações russas. Digamos que é uma versão aumentada da nossa Oiapoque, no Amapá, que se tornou famosa como o extremo setentrional do Brasil.

Fui para lá com um cara que conheci por acaso no metrô de Nova York dois anos antes. Frederico e eu estávamos atrasados para ir ao aeroporto de Newark, em 2011. Perdidos no metrô de Nova York, abordamos umas dez pessoas em busca de informação. Até que conseguimos indicações certeiras com um cara cerca de dez anos mais velho que eu. Frederico logo sentiu um sotaque carregado e soprou no meu ouvido que achava que ele era brasileiro. Eu só fiz perguntar em português mesmo e logo ele confirmou. Daí, pronto! Contou que era nordestino, de Recife. Engatamos a maior conversa que aquele curto espaço de tempo nos permitiu. Contei um pouco das minhas viagens e dos meus projetos, ele ficou encantado com a minha história. Trocamos *e-mails*, porque eu ainda não tinha WhatsApp, e nos mantivemos em contato.

Ele se chamava Daniel Bezerra e ficamos amigos. Eu gostava muito dele por dois motivos: era muito disponível e tinha uma cultura fantástica. Ele me hospedou certa vez em sua casa em Nova York. Morava no Queens, em um apartamento bacana. Mas estava nos Estados Unidos de forma ilegal. Daniel nunca casou, trabalhava lá fazia 20 anos e tinha uma boa vida. Tinha dois amigos brasileiros no prédio onde morava. Conheci ambos naquela ocasião. Desde então mantemos contato.

Quando nos conhecemos, Daniel já estava com diabetes avançada e vinha perdendo a visão em função da doença. Assim como eu, gostava muito de viajar. Mas por não ter visto, não queria sair do país, pois não poderia voltar mais. Estava limitado a transitar somente em território norte-americano. Já conhecia quase todos os 50 estados do país, só faltavam os dois "estados do Pacífico": Havaí e Alasca. Territórios norte-americanos que não fazem parte da área contínua dos Estados Unidos.

Daniel me lançou a ideia de ir a esses lugares, Frederico e Ivan nos assessoraram para montar o roteiro. Trocamos todas as informações por *e-mail* e fomos montando a oito mãos nossa aventura. Em 12 de setembro de 2013, ele saiu de Nova York e eu, de São Paulo. Nós nos encontramos no aeroporto de Los Angeles, Califórnia. De lá fomos para o Havaí, um paraíso na Terra. Estivemos em duas ilhas do arquipélago: Oahu, onde nasceu o ex-presidente dos Estados Unidos, Barack Obama, e Maui.

Mesmo na capital Honolulu, com cerca de 350 mil habitantes, o estilo de vida relaxado, natural e colorido é um colírio para a alma. Todo mundo descontraído, de Havaianas no pé. Sim, "As Legítimas" do Brasil ganharam o planeta inteiro, aliás, não só essa terra que deu nome ao produto.

Visitamos a histórica base de Pearl Harbour e o icônico cemitério construído numa cratera de um vulcão extinto. Infelizmente fomos um pouco prejudicados pelas chuvas. Em Honolulu elas são raras, mas quando acontecem são muito intensas. Tivemos que ver tudo muito rápido. Ficamos mais dentro da van, esperando toda aquela água cair. Daniel ficou com medo.

Em Maui investimos tempo para conhecer as praias mais distantes e contemplar o pôr do sol em diferentes dias. Foi um dos espetáculos mais lindos que já vi. Só não bateu o entardecer de Aruba, que foi o mais maravilhoso de todos. O sol desaparecendo na linha do mar.

Depois de seis dias no Havaí, pegamos um voo de volta ao continente. De Seattle partimos para Fairbanks, no Alasca. Logo que desembarcamos, descobri que minha mala tinha sido extraviada. Eu estava apenas com o agasalho que viajei, mas a roupa mais pesada estava toda dentro da bagagem que despachei. Fomos reclamar, mas empresa americana não faz graça. Americano não dá nada para ninguém. Você não tem nem como brigar com eles.

Quando a Avianca perdeu minha mala, eles me deram um *kit* com camisa, meia, escova de dente, sabonete, não sei o que mais e tal, dentro de uma *nécessaire*. Quando aconteceu o extravio de bagagem minha na Argentina, a Aerolineas me socorreu, me deu um *voucher* para comer alguma coisa. Mas, em Fairbanks, não me deram nada. Só foram me entregar a mala no dia seguinte.

Eu sou experiente em extravio de malas, mas nunca me roubaram nada. Em seis diferentes lugares da Terra em que precisei esperar minha bagagem, elas sempre chegaram intactas. Nunca ninguém mexeu em nada, então nunca tive neurose de colocar cadeado. Uma vez que botei cadeado, perdi a chave. Aí não coloquei mais. Quando tem lacre nos balcões de *check-in*, eu peço. Mas isso é coisa de brasileiro, lá fora não existe esse costume de distribuir lacre.

O único lugar que eu tive medo de não usar cadeado foi na Indonésia. Um tempo antes de ir para lá, eu tinha visto o repórter Márcio Gomes, na TV Globo, entrevistando o brasileiro Marco Archer Cardoso, que foi fuzilado no país por traficar drogas. Outro brasileiro, Rodrigo Muxfeldt Gularte, esperava preso pela mesma sentença. A Indonésia pune o tráfico de entorpecentes com pena de morte. Só de pensar que alguém pudesse colocar algo ilícito na minha bagagem despachada me dava arrepio.

Em Fairbanks, eu não tinha preocupação com isso, só com a minha saúde. Precisei passar um dia dentro do hotel, olhando a cidade pela janela, só com a roupa do corpo, protegido pela calefação. Era verão no Hemisfério Norte, fazia menos de 10 graus positivos - temperaturas consideradas "amenas" para aquela gélida região. Por conta das adversidades climáticas, os habitantes do estado todo são subsidiados pelo governo para morar lá.

Além de Fairbanks, também conhecemos Anchorage, a antiga capital do estado, e Juneau, a nova capital, e finalmente Barrow ou Utqiaġvik. Passamos uns três dias em cada cidade. Em alguns lugares, alugamos um carro e eu dirigi. Em função da visão debilitada, Daniel já não podia assumir o volante. Nós comemos o maior caranguejo do Alasca e experimentamos a cerveja fabricada localmente. Em Juneau, vimos um *show* à moda francesa muito bonito em um "salloon", nome chique para o que chamamos tradicionalmente de "cabaré".

Fizemos todos os deslocamentos entre as cidades em aviões turbo-hélice, que não comportam nem 100 pessoas. Os aeroportos de lá estão construídos sempre ao lado de canais, porque muitas pessoas têm hidroavião. Fiquei encantado de ver essas aeronaves decolando e pousando sobre as águas.

Barrow tem particularidades interessantíssimas. A cidade não chega a ter 5 mil habitantes entre esquimós e "tunnuq" (brancos). Naquela cidade os termômetros chegam a marcar 40 graus negativos no inverno. Nessa estação, eles passam mais de dois meses sem ver a luz do sol. Todos têm um rifle a mando da prefeitura porque a região é cercada por ursos. Depois que estive lá, a jornalista Renata Ceribelli fez uma matéria para a TV mostrando as singularidades de Barrow.

Quando chegamos lá, em um aeroporto minúsculo, a agente da imigração perguntou se éramos de uma empresa petrolífera ou cientistas. Quando Daniel respondeu que nem uma coisa nem outra, ela nos cutucou: "Vocês devem ser loucos, porque ninguém visita Barrow. O que vocês vieram fazer aqui?" Daniel explicou: "Meu amigo é muito viajado e nós viemos conhecer Barrow porque aqui começa o mundo." Ela concordou com a cabeça.

Apesar de eu ser muito econômico, em Utqiaġvik tive que pagar US$ 10 para um táxi nos levar 400 metros, entre o saguão do aeroporto e a porta do nosso hotel. O frio não era o impedimento. Os termômetros marcavam entre zero e 1 grau positivo. Mas o terreno estava muito perigoso para as minhas muletas porque estava muito escorregadio. Daniel brigou comigo por eu tentar andar ali para evitar o táxi.

O funcionário da recepção do hotel, que era filho de esquimó e tinha fenótipos característicos dos mongóis, foi nosso guia local. Pagamos para ele dar uma volta de carro com a gente pela cidade. São meia dúzia de ruas que formam o povoado, mas não dava para ficar circulando a pé. Visitamos o esqueleto de uma baleia que morreu encalhada ali, o rio que começava a congelar e a famosa placa "Aqui começa o mundo", onde fiz a graça de ficar sem casaco para tirar uma foto. Daniel me repreendeu assustado: "Tu vai morrer".

Fiquei tão apaixonado pelo Alasca, que até hoje assisto uma série sobre a vida naquela região. Mostram como fazem a manutenção dos trilhos para funcionar mesmo no inverno, como armazenam comida nos vilarejos mais isolados e com menos infraestrutura e coisas do tipo. É um lugar para onde quero voltar. Já estudei como sair de carro do meu apartamento em Orlando e cortar os Estados Unidos de carro para chegar até o Alasca. É longe, mas não tem nenhuma dificuldade. É muito factível. Conheço um maranhense que mora no Canadá, saiu de casa de motocicleta e foi até esse território norte-americano.

Meu maior arrependimento nessa experiência no Alasca foi ter deixado de visitar umas ilhotas ali perto, quase na divisa com a Rússia. Tomaríamos um voo que saía uma única vez na semana e passaríamos duas noites lá. Mas, abestalhadamente, eu disse que não. Naquele momento não percebi a dimensão dessa oportunidade. Hoje talvez nem exista mais esse voo.

Por outro lado, escapei de uma clássica isca de turista por estar bem informado. Uma norte-americana conseguiu convencer Daniel a pagar US$ 100 para caçar a famosa e desejada

"Dama da Noite". Ver a aurora boreal é, sem dúvida, um dos maiores desejos de viajantes de todo o planeta. Assim como um forte desejo meu. O Alasca é um local mais que propício para isso, e setembro já é época de caçada.

Mas eu havia checado as possibilidades daquela noite, e eram baixíssimas. A aurora acontece quando alguns gases solares se encontram com a atmosfera da Terra. Constantemente saem previsões que indicam se o evento tende ou não a acontecer, assim como as previsões do tempo que nos alertam para chuva e tempestades. Daniel voltou cabisbaixo e falou que se tivesse ido pela minha cabeça teria economizado esse dinheiro.

Ao longo do convívio que tivemos, descobri que ele era completamente desnorteado com suas finanças. Daniel queria comer todo dia nos lugares mais caros e ainda tomar vinho. Estava eufórico porque já fazia muitos anos que não viajava, eram os dois estados que faltavam para ele conhecer o país inteiro e aquelas provavelmente seriam suas últimas viagens por conta da vista. Gastou o que tinha e o que não tinha. Um pouco antes de voltarmos, me contou que já não tinha dinheiro para pagar o aluguel do apartamento onde morava.

Daniel recebia uma grana razoável, mas nunca soube poupar nada e teve um fim de vida complicado. Era uma pessoa muito difícil, brigava por muitas coisas durante nossos dias juntos. Depois da viagem, nós nos afastamos bastante e passamos a nos falar raramente. Quando soube dele mais tarde, ele já tinha morrido em 2017. Veio para o Brasil, porque não tinha mais ninguém para tomar conta dele nos Estados Unidos. Estava irascível, contou-me a vizinha do prédio. Ninguém mais estava aguentando Daniel. Não morreu perto da família, que era de Recife. Passou seus últimos tempos perto de amigos em Niterói, no Rio de Janeiro. Fiquei muito triste pela sua morte e por ele não ter entrado em contato comigo quando se mudou de volta para cá.

NO PONTO FINAL

Exatos 20 dias antes de conhecer o "topo do mundo" eu estava no "fim do mundo". Espero entrar para o *Guinness Book* como o único homem do mundo todo que fez isso, independentemente da minha condição de mobilidade. Tenho as provas em fotos e carimbos no meu passaporte para comprovar esse feito.

Era a segunda vez que eu ia a Ushuaia. Consegui tirar as passagens por apenas 7 mil milhas. Para quem não conhece esse mercado, nem mesmo trechos dentro do Brasil costumam estar disponíveis por esta quantidade de pontos.

Estava acompanhado do premiado fotógrafo Albanir Ramos, que conheci ao me tornar matéria do jornal *Folha de S. Paulo*, quando alcancei a marca de 75 países. Foi Albanir que me alertou para o papel fundamental das muletas no personagem que construí ao longo dos trilhões de quilômetros percorridos. De quebra, voltei com um *book* de 600 fotos tiradas por um excelente profissional.

Fizemos dois ensaios fotográficos sensacionais. Um deles foi quando conhecemos juntos o Glacial Perito Moreno, complexo de geleiras azuis impressionante de cinco quilômetros de largura e 60 metros de altura sobre o mar, sem contar toda a parte submersa. A infraestrutura de passarelas para observar as geleiras facilitou muito o passeio para mim. Mas mesmo sobre o gelo, não tive grande dificuldade para caminhar. Quando o gelo está firme não tenho problemas com as muletas. O problema é quando ele está escorregadio, como em Barrow.

De lá fomos para Ushuaia, que eu já conhecia, mas sempre que puder vou revisitar. Fizemos outro ensaio durante um passeio de barco. Vimos colônias de pinguins de Magalhães e de lobos marinhos. Era outono e as temperaturas ainda estavam positivas – entre 5 e 8 graus. Na minha primeira vez em Ushuaia, eu estava sozinho. Peguei temperaturas negativas. Viajei dois dias de navio até quase o Estreito de Beagle.

Mas o mais curioso que conheci da primeira vez que estive lá foi um senhor australiano Rick Warren que mudou para o fim do mundo depois que a esposa morreu. Foi o lugar que escolheu para viver o fim da vida. Quem me passou o contato desse senhor foi um maranhense amigo de minha irmã Heloísa Helena. Davi mora hoje nos arredores de Londres, na Inglaterra. Morou em diversos lugares da América do Sul e já nos encontramos em diferentes partes do planeta: Bolívia, Dublin e Londres.

Rick Warren já tinha mais de 80 anos de idade quando se instalou em Ushuaia. Vivia da forma mais frugal que existe. Conhecia toda a Austrália, Europa e outros cantos do globo, entre eles a Argentina porque era missionário, como Davi. Ele tinha enterrado a mulher na Argentina e achava que tinha que estar lá perto dela. Apaixonou-se por Ushuaia. Estava decidido a morrer ali, dizia estar com tudo pronto para seu enterro. "Estou em paz com minha alma", contou-me. Mas depois fiquei sabendo que faleceu em 2019, aos 93 anos de idade, nos Estados Unidos. O filho foi buscá-lo na Argentina, e viveu os dois últimos anos com ele.

Também sou um apaixonado pela Argentina em geral. Já percorri todo o norte do país de ônibus com um amigo do Maranhão. Estive em Bariloche com Heloisa. Além de ter ido a Buenos Aires nove vezes. Espero poder morar no território hermano por alguns bons meses nos próximos anos. Antes disso, certamente passarei outras vezes por lá.

CAPÍTULO 8
Entre apuros, perrengues e gentilezas

> "Somos tão passageiros
> que não somos, estamos."
>
> Ana C. Couto

Frederico, meu companheiro de viagens no início dessa jornada pelo mundo, define muito bem como faço e me sinto ao viajar: "O estilo de papai é mais um estilo jovem de viagem. O ânimo é de jovem também." Não me apego a questões de conforto, não preciso ficar em ótimos hotéis, não me importo de pegar um voo de madrugada. O tipo de coisas que esperam de pessoas da minha idade. Ou, mais ainda, o que esperam de uma pessoa que usa muletas.

Muito pelo contrário. Gosto de caminhar pelas cidades que visito, mesmo que sejam longas distâncias. Percorro muitas ruas. Quando preciso de um descanso, escolho algum café onde sentar e observar a vida local. Só faço questão de uma coisa: reservar tempo para o almoço e o jantar. Prefiro os restaurantes sem luxo, frequentados por nativos. Em qualquer lugar da Terra, esse é meu ritual. Minhas refeições são sagradas. Aproveito essas horas para renovar as forças. O que mais me motiva é ver pessoas diferentes. É ver como é que as pessoas vivem. Viajar é bom demais!

Sinto algumas dores, claro. A minha perna dói, mas vou em frente, andando. Sei que se ficar em casa ou no hotel vai doer do mesmo jeito. Equilibro-me nas muletas, o peso do tronco recai sobre os braços. Os punhos doem, os pulsos doem. Mas nada que me impeça de manter o pique dia após dia.

Nem sempre é possível vencer as distâncias sem um veículo. Uma ou outra vez surge a incrível oportunidade de ser apresentado ao destino por um cicerone motorizado. Outras, por segurança, faz-se necessário contratar um guia ou motorista. Prepare-se para alguns episódios tensos, ternos e engraçados de quando penduro as muletas e sou conduzido por outros caminhos.

ITÁLIA – 2009

Uma estratégia muito utilizada para conhecer Veneza sem pagar os preços daquela icônica ilha é ficar hospedado em Mestre. As cidades estão conectadas por um istmo e a forma mais barata de chegar é por meio de um ônibus. A estradinha corre paralela à linha de trem. Estava eu nesse percurso, admirando o que podia da vista, indo pela primeira vez àquela extraordinária cidade. Vista interessante, embora nem se compare a de um passeio pelas águas doces que contornam e cortam Veneza, descobri depois.

Ao sentir um odor característico, olhei em volta para encontrar quem estaria fumando dentro do ônibus. Era ninguém menos que o próprio motorista, quem se espera que faça cumprir as regras básicas. Para completar, o italiano, além de fumar, mexeu rapidamente no celular. Logo começou uma boa prosa ao telefone, que estava no viva-voz. Pensei em filmar, mas fiquei com vergonha e imaginei que se alguém me visse filmando podia avisar ao motorista.

Um pouco antes de chegar à parada final, a Piazzale Roma, ele parou o ônibus, desceu, terminou o cigarro sem se apressar. Olhei incrédulo aquela cena. Certamente não havia outros italianos naquele ônibus. Aí está um povo que briga e grita pelos seus direitos. A fama de exaltados é conhecida mundialmente. Mas não, ninguém disse nada. Seriam todos os outros turistas estrangeiros sem reação como eu, sem saber como lidar com esse tipo de situação? Ou talvez em total espírito de férias, sem se incomodar com nada?

Aqui no Maranhão existe um complexo de vira-lata muito grande. Os maranhenses costumam pensar que tudo o que não presta só acontece aqui. O que as pessoas não sabem é que tudo acontece em todos os lugares?

GRÉCIA – 2010

Minha primeira experiência na Grécia foi um tanto truculenta. Frederico e eu descemos em Atenas já tarde da noite. Tomamos o trem do aeroporto para o centro da cidade. Então chegamos à principal praça da cidade, Sintagma. Famosíssima, e fica localizada em frente ao parlamento grego, local de várias manifestações populares. Mas estava completamente vazia.

Chegamos desavisados. Não sabíamos que o transporte coletivo da cidade estava em greve. No balcão de informações do aeroporto nos alertaram que só tinha um último trem para nos levar ao centro da cidade, muito distante dali. Uma linha de ônibus também fazia aquele trajeto, mas os ônibus estavam em greve. Um táxi do aeroporto para o centro seria um rombo no nosso orçamento.

Tivemos sorte de pegar aquele trem. Foi um longo trajeto. Demorado. Estava chovendo bastante. Era uma noite muito fria. Eu só queria uma cama quente. Estava cansado de toda a viagem - avião e trem. Ainda faltava o táxi. Da praça até o hotel seria breve, pelo menos.

Caminhamos em busca de um carro. Um cachorro preto enorme veio na minha direção. Cachorros de rua geralmente não gostam de quem anda com muletas. É um tema a se estudar. Queria me morder. Aquela confusão toda para me esquivar até que encontramos o táxi. Doidos para nos livrarmos do frio e da chuva, entramos no primeiro carro parado na praça. O taxista nos viu um pouco atordoados e nos chamou. Colocamos nossas coisas, sentamos e partimos. Depois disso veio um enorme rebuliço.

Outros táxis começaram a aparecer ao nosso lado. Fecharam nossa passagem. Abriram nossas portas e nos tiraram do veículo. Mandaram o motorista abrir o porta-malas, tiraram as malas, nos colocaram em outro táxi. Então esmurraram o taxista que tinha nos recebido. Ficamos horrorizados com a brutalidade que vimos até o novo táxi se afastar dali.

Não entendemos nada. Não recebemos qualquer explicação do novo condutor. Ele não falou uma palavra sobre aquilo. Perguntou o endereço do hotel e se manteve calado até nos deixar lá. Na nossa leitura, o motorista que nos chamou não devia ser autorizado para pegar passageiros naquela área. Que sufoco!

Meses depois, o noticiário da tevê na hora do almoço falava das greves na Grécia. Para evitar sua saída da zona do euro, o país adotava medidas de austeridade. A população, os sindicatos e os agricultores protestavam. Mostrou a Praça Sintagma. Em meio às manifestações que aconteciam ali, vi nas imagens o mesmo cachorro preto. Ele fazia parte da praça, concluí. Fui imediatamente transportado para aquele lugar, na chuva, no frio, com o cachorro tentando me morder. Depois o taxista apanhando dos seus colegas de profissão. Fechei os olhos e fui teletransportado de volta à minha casa. São e salvo.

BOLÍVIA – 2014 / GEÓRGIA E ARMÊNIA – 2018

Apesar do acidente que resultou em fratura exposta no meu fêmur, eu não fiquei traumatizado de andar com taxista, motorista de aplicativo ou qualquer outra pessoa na direção. Mas quando a forma de condução da pessoa ao volante me lembra muito a imprudência daquele episódio que marcou minha vida, fico tomado pelo medo de viver outra tragédia. Foi o que aconteceu em duas únicas situações dentre as centenas de viagens que fiz de 2009 a 2020.

Voei com a Gol de São Paulo ao Aeroporto Viru Viru, em Santa Cruz de la Sierra, na Bolívia. Peguei um táxi do aeroporto para o hotel. Sentei no banco do passageiro, mas, depois de uma curta parte do percurso, eu já estava suficientemente assustado. Não consegui pedir para que o motorista diminuísse a velocidade. Mas pedi para parar e me mudei para o meio do banco de trás. Ninguém entendeu, mas foi o lugar onde me senti mais protegido. De qualquer lado que batesse, eu não seria o primeiro afetado. Alguns dias depois, fui para Sucre e Cochabamba, sem tanta tensão na estrada.

Na outra ocasião, peguei um carro de Tbilisi, na Geórgia, a Ierevan, na Armênia. Um lugar lindo que vive hoje uma briga feia, de guerra. O taxista dirigia muito rápido, começou a fumar e colocou o celular no ouvido para conversar. Quando vi aquela cena, pensei: "Isso não vai dar certo. Nós vamos nos espatifar logo ali na frente."

Era um táxi em que entrava e saía muita gente, como os "táxis de linha" do Rio Grande do Norte. Exatamente naquele estilo de quando me acidentei, o que reforçou a péssima sensação. Infelizmente fiquei tenso demais para desfrutar da paisagem. Mas pelo menos cheguei inteiro.

PORTUGAL – 2015

Na segunda vez que fui a Lisboa, deixei combinada, antes de sair do Brasil, uma entrevista para a emissora de televisão portuguesa RTP. Entrei ao vivo, contando minha história, dentro do programa de auditório de entrevistas com tom humorístico

"A Nossa Tarde". O que aconteceu naquele dia, antes mesmo de entrar no ar, foi o mais clichê de uma comédia barata.

Tinha andado muito pela cidade até a hora que precisei voltar ao *hostel* para esperar o motorista da emissora que iria me buscar. Subi para me arrumar e, ao descer a escadaria – um esforço enorme pra mim –, senti que minha calça tinha rasgado bem nos fundilhos. Não era um rasgo pequeno, pude perceber com a mão, mas não conseguia ver. Não adiantava voltar ao quarto, não tinha outra calça na minha mala. Não tinha tempo para comprar outra, pois o táxi já estava me esperando. Assim fui.

Quando sentei na poltrona dos convidados, percebi as câmeras bem de frente para mim. Fechei muito as pernas. Passei o programa concentrado nisso. Acredito que ninguém da equipe da TV tenha percebido. Nem a audiência. Nem o motorista do táxi. Ele era fantástico.

Voltei a sentar no banco de trás do carro, relaxado, sem câmeras para flagrar o rasgo. O motorista disse: "Eu quero dar uma volta com você pela cidade. A emissora está pagando." Ele me levou por um *tour* em Lisboa. Foram mais de duas horas passeando. Desci no *hostel* e o comércio ainda estava aberto. Achei um lugar ali perto para comprar uma calça nova. Joguei a outra fora. Pronto. Resolvido. Essa foi a única vez que precisei de outra calça em uma viagem até hoje.

MALDIVAS – 2016

Tinha tomado todas na sala VIP do aeroporto de Doha, Qatar. Bebi mais um pouco no avião também. Os efeitos das bebidas alcoólicas foram potencializados pela pressão da cabine, equivalente a estar em uma altitude entre 1,8 mil e 2,2 mil metros acima do nível do mar. Menos oxigênio circulando nas veias, mais álcool subindo para o cérebro.

Desembarcamos, Frederico e eu, na capital Malé. O aeroporto internacional conta com um píer. De lá partem embarcações e hidroaviões para as mais de mil ilhas que formam o país. No total, a população nacional é de cerca de 500 mil habitantes, concentrada em pouco mais de 200 ilhas. Algumas delas têm apenas um *resort* ou hotel de luxo, como era o caso daquela onde eu iria me hospedar.

Entramos em uma lancha pequena e o capitão pisou fundo. O vento no rosto me dava mais a sensação de estar voando do que navegando. Ainda me sentia nas nuvens. Cochilava e acordava. Mas comecei a ficar nervoso. Abria os olhos e continuava tudo escuro. Estávamos em pleno Oceano Índico. Não se enxergava nada. O tempo passava, a lancha avançava e não chegávamos.

Meu filho garante ter me avisado que seriam 45 minutos no barco. Pareceu-me mais de hora. Eu já estava certo: "Não vai dar jeito, vamos morrer e nunca vão achar os corpos." Mas me mantive calado. Quando chegou, confessei: "Meu filho, eu pensei que a gente fosse morrer! Que eles fossem jogar nossos corpos no meio do mar, ninguém ia encontrar a gente nunca mais, só ia chegar a notícia pra sua mãe de que a gente tinha morrido".

Dormi como um anjo naquela noite. Ao acordar, percebi que tinha chegado ao paraíso. Estava no lugar mais *top* do planeta. Uma das paisagens mais bonitas que vi na vida. Essa foi minha impressão já sóbrio. Não à toa é um dos arquipélagos mais cobiçados do mundo.

ILHAS MAURÍCIO – 2016

Junto com as Maldivas, os lugares de maior beleza natural que conheci no mundo foram as Ilhas Seychelles e as Ilhas Maurício. Mar deslumbrante, vegetação exuberante, cores e formas de encher os olhos. Chegamos no fim da tarde à capital Port Louis, Frederico e eu. Alugamos um carro. Na locadora nos perguntaram se queríamos GPS e achamos que não seria necessário. Já estava escurecendo quando saímos com o automóvel.

Não demorou muito e entramos em um canavial. Não encontrávamos mais o traçado de volta à estrada. Frederico viu uma luzinha ao longe. Seguimos esperançosos até lá. Era uma tenda. Os cortadores de cana estavam tomando sua merecida pinga após o expediente. Em inglês, Frederico pediu explicações de como chegar à cidade. O homem pediu carona para lá. Ele indicaria o caminho pessoalmente. Aceitamos.

Ele entrou no carro. Com ele, veio um facão, seu instrumento de trabalho. Chamou um amigo para aproveitar a carona, que também trazia outro facão. Apontavam para lá e para cá. O caminho se fazia eterno. Em condições normais, leva 45 minutos. É preciso atravessar a ilha. Bateu um enorme arrependimento de não ter contratado o GPS. Eu dizia entre os dentes: "Frederico, pode te despedir. Vão nos matar e nunca vão achar os corpos." Meu filho procurava me acalmar.

Chegamos ao hotel sem arranhões. Tudo perfeito. Assim que conseguiu conectar-se à internet, Frederico me mostrou os dados locais: "Aqui a violência é quase zero, papai." Lugar maravilhoso, pessoas do bem. Esse é o custo de sair de casa desinformado.

ÍNDIA – 2016

Vinte dias na Índia pode parecer muito. Mas é pouco tempo para conhecer um país tão grande. País de megacidades. Distâncias aumentadas pelo trânsito caótico. Deslocamentos complicados pelo calor intenso.

Meses antes de embarcar, conheci Karine Baldez, uma jornalista conterrânea que tinha estado na Índia pouco tempo antes. Ela me mostrou fotografias da viagem. Os melhores hotéis, os melhores restaurantes, um guia local que falava espanhol. Um esquema de nível muito superior ao meu. Nada econômico.

Fui sozinho. Paguei uma passagem barata, hotel barato. Os preços lá também prometiam ser baixos. Com 10 dólares se come muito bem a rica e apimentada culinária local em bons restaurantes. É o que todo turista sempre destaca sobre passear na Índia. Acreditava que ia me virar bem nessa aventura. Pensei comigo: "Todos falam inglês, e tem até quem fale português. Vou conseguir me comunicar".

No aeroporto de Nova Delhi, começaram os desafios. O melhor que consegui para me levar ao hotel foi um táxi muito ruim e velho. Tive dúvidas se não quebraria no caminho. Tenho trauma de carro velho, meu pai só teve veículos assim, tipo sucata. Cresci com o cheiro de gasolina no meu nariz. Quando garoto, empurrei muito carro para ajudar no conserto.

Ao entrar no quarto, ficou óbvio porque tinha pago baratinho: precisava de reformas. Estava localizado em uma área de muito movimento. Todo lugar na Índia é movimentado. Caótico, na maioria das vezes, como já comentei. Um emaranhado de gente, ruas, carros, motos, camelôs, carrinhos de comida, vozes, barulho. Além de muita sujeira em todo canto. Mas as pessoas são muito boas. Não tem violência. Eu estava feliz por estar ali.

Saí com a cara e a coragem para andar pelas redondezas. Fazia 42 graus Celsius. Dava uma voltinha e corria logo para me refrescar no ar condicionado do hotel. Em uma dessas, vi um *tuk-tuk*, meio de transporte característico dos países asiáticos. É uma moto com cabine e banco traseiro para transporte de passageiros ou mercadorias. Achei que era uma boa opção para poder ir mais longe.

No entanto, fui levado longe demais. O condutor me fez descer em uma agência que vendia passeios locais, sem ter pedido por isso. Fiquei perdido, não sabia onde eu estava, só sabia que era distante do hotel. Senti-me coagido pelos preços acima do normal e a insistência do vendedor. Passei a repetir com a mesma insistência: "My wife in hotel" (Minha esposa no hotel), como quem diz que precisa de um aval ou que tem alguém esperando. Quando o vendedor me liberou, para a minha sorte, encontrei o mesmo *tuk-tuk* ali na porta. Por precaução, ando sempre com um cartão do hotel em que me hospedo. Nesse dia não tinha o santo pedacinho de papel comigo. Esse foi um dos piores apuros que vivi nas minhas viagens. Poderia não ter conseguido voltar. Paguei o *tuk-tuk* para me levar de volta.

Depois dessa experiência não queria mais sair só. Fui tomado por uma sensação de imobilidade. Liguei para o guia indicado pela jornalista do Maranhão. Ela tinha me contado que ele falava espanhol e um pouquinho de português e era louco pela cultura brasileira. O lado negativo era o valor que cobrava. Mas quando me comuniquei com ele, ainda do Brasil, queria US$ 200 por dia, refeições à parte. Para mim era muito caro.

Precisava usar de toda minha habilidade de negociação. Mesmo com pouco tempo ali, já tinha entendido que regatear é um esporte nacional, faz parte do cotidiano na Índia. A lei é nunca aceitar o primeiro preço. Dei o meu melhor na pechincha e ele foi muito solícito comigo. Aceitou US$ 50 por um dia. Chegou em um carro bom, com ar condicionado. Um luxo! Me mostrou a cidade toda.

Contei a ele sobre meus planos de ir para Agra, onde fica o estonteante templo Taj Mahal, e para Jaipur. Ele me indicou um amigo motorista e hotéis que cabiam no meu bolso. No dia seguinte Ravi, o motorista, passou para me pegar às 5h30. Carro confortável. Papo limitado. Ele só falava inglês. Mas isso não nos impediu de conversar, claro. Passamos três dias na estrada.

Foram mais de três horas de Delhi a Agra, até a entrada do Taj Mahal. Poucas palavras e algumas fotos me deixaram entender que a esposa era costureira e eles tinham um casal de filhos pequenos. No outro dia, seguimos para Jaipur: mais quatro horas de viagem. Muito cuidadoso, Ravi escrevia os horários no papel. Era pontual. Fizemos um *tour* pelas cidades, me deixava nos restaurantes e na hora certa lá estava ele para me buscar. Não nos perdemos em nenhuma parte do caminho. Pode-se dizer que nos demos muito bem.

De Jaipur voei para Mumbai (ou Bombaim), capital econômica e centro cinematográfico do país, a inovadora Bollywood. Passei alguns dias lá até tomar outro avião para Goa, conhecida por seus vários clubes à beira-mar especializados em *raves*, festas que duram mais de 12 horas ao som de música eletrônica.

Goa é um local da Índia onde se falou português até a década de 1960. Achei que ia me dar muito bem ali. Vesti minha camiseta da seleção brasileira para facilitar as coisas. Graças a ela, me aproximei de um executivo indiano que estava sentado ao meu lado no avião. Ele não falava português. Conversamos sobre futebol, inicialmente.

Logo mostrei meu *voucher* do hotel. Gosto de aproveitar esses momentos para perguntar aos nativos se conhecem os lugares aonde estou indo. Pergunto como fazer para chegar ao hotel e consigo outras dicas interessantes. Ele não conhecia o hotel. Mas assim que pisamos terra firme, conectou seu celular, checou onde ficava e me convidou para tomar o táxi que ele já tinha conseguido.

Aceitei sem saber que a distância até a cidade era absurda. Na estrada, ele pediu para parar, comprou uma cerveja para si, me ofereceu e comprou uma para mim. O hotel dele ficava muito distante do meu. Mas ele fez questão de me deixar na porta. Fiquei muito agradecido por tanta gentileza e receptividade. Trocamos telefones. Ficamos amigos e até hoje nos comunicamos ocasionalmente.

Assim que entrei no hotel, perguntei quanto era um táxi ou *transfer* para o aeroporto. A resposta me preocupou: US$ 80. Era muito caro. Perguntei se tinha algum ônibus ou van. "Só tem esses táxis que prestam serviço para o hotel", encerrou a recepcionista. Geralmente, táxis que prestam serviços para hotéis são mais caros do que táxis de rua. Precisava encontrar outra alternativa até o dia da volta.

Comecei a andar pela cidade. Goa está em uma área da Índia que foi organizada por portugueses. Vasco da Gama andou por lá. Mas eu não achava ninguém que falasse minha língua. Foi em um supermercado, parada obrigatória em toda cidade que visito, que pude trocar algumas palavras com uma senhorinha. São as pessoas de 70 anos de idade ou mais que se lembram um pouco de português. No mais, o idioma se perdeu.

Perguntei a ela e a outras pessoas como é que eu podia voltar para o aeroporto sem pagar aquela fortuna. Mas não consegui uma solução. Até que passei por uns *tuk-tuks* estacionados próximos ao hotel. Arrisquei com eles: "How much to airport?" (Quanto custa até o aeroporto?). Um deles se animou a responder. A resposta me deixou muito satisfeito: era menos de um terço do valor que a recepcionista tinha dito que custava o táxi. Fechei com ele na mesma hora.

No dia seguinte, depois de fazer o *check-out*, malas prontas, o *tuk-tuk* encostava ali na frente para me pegar. Fui abordado por um funcionário do hotel, incrédulo. "Você vai para o aeroporto de *tuk-tuk*? Não vá, é muito longe. É longe demais, vai levar um dia de viagem". Mantive-me firme. Ainda era meio-dia e meu voo sairia às 18 horas. Não importava quanto levasse, ia dar tempo.

Era como se você fosse do centro de São Paulo para Guarulhos no reboque de uma moto fraquinha. Ninguém faz isso. Mas eu fiz. Foi uma experiência sensacional. Para evitar as avenidas principais com trânsito mais caótico (não me canso de repetir), o condutor foi cortando por dentro, atravessou até propriedades privadas. Vi coisas incríveis que não teria conhecido de táxi, nem pagando US$ 50 para ele. Foram US$ 15 muito bem investidos por quase duas horas de trajeto!

OMÃ - 2017

Não importa o tamanho do país, o preço da corrida de táxi até o aeroporto pode ser muito alto. Foi o que descobri em Omã, país da península arábica. Seu território é quase do mesmo tamanho que o Maranhão, com população 30% menor do que o meu estado. São 5,150 milhões de omanis distribuídos em cerca de 310 mil quilômetros quadrados. Fui passar quatro dias na capital Mascote, de quase 800 mil habitantes. A população de São Luís, capital do Maranhão, ultrapassa 1 milhão de pessoas.

Era dia do retorno, tomei meu café da manhã muito cedo. Meu voo era meio-dia. Quis me preparar com tempo porque sabia que teria que negociar o táxi. Estava hospedado em um belo hotel, quatro estrelas. Ao sair do saguão, vi os motoristas que monopolizavam o local com táxis de luxo. Disparei a frase que mais utilizo no meu inglês macarrônico: "How much to airport?" (Quanto custa até o aeroporto?).

Recebi uma desconfortável resposta: US$ 50. Fechei o semblante e balancei a cabeça demonstrando que não estava de acordo. Eu pretendia pagar US$ 10. Mas diante da proposta inicial, mostrei uma nota de US$ 20. Os árabes gostam de uma barganha. Chega a ser antiético não seguir essa conduta. Mas minha oferta pareceu ofensiva. Todos os "kumas" (chapéu tradicional usado pelos homens em Omã) presentes balançaram em uníssono, negando-se a aceitar.

Decidi sair andando. Peguei uma e outra rua sem asfalto e cheguei a uma lanchonete. Contei como pude o que estava acontecendo para o homem que encontrei lá, que parecia um taxista. Ele me cobrou US$ 20. Entrei no táxi dele, fizemos um curtíssimo trajeto e desci na porta do hotel para pegar minha mala.

Um funcionário do hotel estava me ajudando a colocar a bagagem no porta-malas. Ao perceber a movimentação, os outros taxistas com quem tinha conversado um pouco antes partiram para cima do meu motorista. Com tom de voz ameaçador. Estavam nervosos. Tiraram minhas coisas do carro. Aquele que eu tinha contratado por US$ 20 foi embora.

Assustadora situação. Não esperava aquilo de um povo que se mostrara, até então, tão hospitaleiro e sorridente. Tinha passado o dia anterior passeando de carro pelos arredores da cidade com um rapaz de 22 anos. Eu estava caminhando por Mascate com a camiseta da seleção brasileira de futebol quando esse jovem se aproximou listando todos os jogadores do Brasil. Titulares e reservas daquele momento além de nomes emblemáticos do passado.

Ele era louco por futebol e pelo nosso time. Ofereceu-se para me apresentar um pouco do seu país. Tentei ligar para Frederico, meu assistente poliglota, mas não consegui boa conexão. Não pudemos trocar muitas palavras, mas foram muitas experiências vividas juntos naquele dia. Circulamos entre as típicas construções brancas e beges com seus arcos, no centro da capital. Contornamos várias formações rochosas que se impunham em todas as partes. Chegamos às colinas mais próximas e apreciamos a vista do deserto ao redor.

Estudante universitário, meu guia de boa disposição não pôde me levar ao aeroporto no dia da minha partida. Estava na aula no momento em que eu procurava um preço mais condizente com meu bolso para os 25 minutos de trajeto. Tinha se tornado uma questão de honra não pagar US$ 50 àqueles taxistas.

Sabia que cada vez que eu trouxesse um motorista de fora, eles não iam permitir que eu saísse. Decidi puxar minha mala para longe dali. Exceção da exceção. São muito raras as vezes que me animo a colocar uma muleta entre o puxador da mala e sair andando. Caminhei com dificuldade até onde aguentei. Ali abordei todos os táxis que passavam. Mostrava minha nota de 20 dólares e falava "airport" (aeroporto), quase nenhum falava inglês, mas todos entendiam a mensagem. Ninguém aceitava.

Até que apareceu um senhor. O velhinho disse "ok". Fiquei na dúvida se tinha realmente entendido meu pedido.

Colocou minha bagagem no porta-malas. Dessa vez ninguém apareceu para impedir. Entramos no táxi e seguimos caminho. Mas ele foi em uma direção diferente da que eu esperava. O percurso não coincidia em nada com a estrada que tinha pego na minha chegada à cidade. Passei a duvidar se estávamos indo ao aeroporto. Uma mistura de arrependimento e medo me tomou por inteiro. Podia me ver perdendo o voo. Questionei minha necessidade de economizar US$ 30. Podia estar em risco. Então, se atrasasse, pagar a diferença da passagem sairia muito mais caro.

Ao som da melodia árabe repetitiva que vinha da rádio, a sensação era de que já havia passado mais de hora. Ocasionalmente, o senhor se virava para mim e narrava algo em sua língua. Ele não falava uma palavra em inglês. Para tentar manter um clima amistoso, eu respondia com "ok" ou "yes". No relógio, fazia mais de quarenta minutos que estávamos no carro quando finalmente pude ver um avião sobre nossas cabeças, à baixa altitude. Senti um alívio imenso.

Táxi estacionado em frente ao aeroporto. Coração feliz. Paguei com gosto mais do que o combinado. Dei àquele senhor US$ 30 e comprei um lanche para ele. Depois do *check-in* corri para a sala VIP. Comi adoidado, bebi adoidado e comecei a relaxar. Antes do embarque soltei um desabafo em voz alta: "Meu Deus, às vezes faço umas loucuras..."

QUÊNIA – 2017

Quando desci da cadeira de rodas do lado de fora da porta do saguão do aeroporto de Nairóbi, capital do Quênia, um enxame de motoristas veio na minha direção. Eles cobravam cinco vezes mais do que o valor que eu esperava pagar no trajeto até o hotel. Sabia que o aeroporto era distante da cidade. Mas não ia pagar os US$ 100 que estavam pedindo. Ofereci US$ 20. Ninguém queria fazer. O enxame todinho se dispersou, e saiu de perto de mim.

Aí veio um taxista sozinho. Essa é a tática. Conversa de um para um é bem melhor para negociar. Ofereci os US$ 20. Ele disse não, mas sugeriu US$ 30. De US$ 100 para US$ 30, a diferença já estava muito boa e aceitei. Chegando no hotel, vi que era mesmo longe e dei um pouquinho mais, US$ 35. Deixei agendado com ele para me levar de volta ao aeroporto dali quatro dias.

No dia de pegar avião, minha ansiedade sempre aflora. Sou doente com horário de voo. Sempre. Seja aqui em São Luís, que sei bem a distância ao aeroporto e quanto tempo leva com ou sem trânsito, seja em qualquer lugar do mundo. Tenho medo de perder o avião. Coloco o despertador do celular, programo o rádio-relógio do hotel, se tiver. Peço para a recepção do hotel me ligar. Procuro me garantir de diferentes formas.

Naquele dia, fiz meu *check-out* muito cedo, tomei meu café e desci. Mas não vi o motorista que tinha contratado. Andei ao redor do hotel todo. Não o encontrava de jeito nenhum. Encontrei vários taxistas querendo me cobrar os mesmos US$ 100. O tempo estava correndo e eu não aguentava mais esperar. Gosto de chegar com muita antecedência, para além das três horas recomendadas, antes mesmo de o *check-in* abrir. Se puder chegar com cinco horas de antecedência, é isso que faço.

Não vou esperar, pensei comigo, não quero correria depois. Eu já estava desesperado. Peguei as malas na recepção e saí do hotel, decidido a pagar outro carro qualquer. Quando apareci com a minha mala, o dito cujo apareceu. Ele já estava lá há muito tempo esperando, depois me contou. Só que eles têm um costume - o mesmo daqui do Maranhão -, de ficarem acocorados ao lado do carro, aproveitando a sombra.

No caminho para o aeroporto não falou comigo. Era de se esperar. Ele era muito na dele, caladão. Ao chegar no aeroporto, ofereci a ele um lanche. Uma transformação se fez naquele homem. Ele ficou tão agradecido por aquele gesto que começou a me mostrar a foto dos filhos, da mulher, da casa. Deu logo o número de telefone, disse para eu ligar se algum dia voltasse para lá.

O motorista calado que foi me deixar no aeroporto havia se modificado completamente. Minha sensação era de que não sabia o que fazer comigo para retribuir o lanche. As pessoas são tão simples, tão simples, não têm nada, que um mero lanche ganha tamanha proporção. Aquela gratidão toda me fez abrir a mala e pegar uma camisa para dar a ele – mais um dos meus presentinhos distribuídos pelo mundo entre pessoas que me cativaram. Eu também estava muito agradecido pelo comprometimento dele e pelo bom preço que me fez. Não precisei pegar aqueles táxis que estavam me cobrando cinco vezes mais do que eu tinha lido na internet que deveria custar. Além disso, ganhei mais um amigo.

CAPÍTULO 9
A vida não tem idade

"Não honrar a velhice é demolir, de manhã, a casa onde vamos dormir à noite."

Jean-Baptiste Alphonse Karr (1808-1890), escritor e jornalista francês

Ao romper a barreira dos 60 anos de idade e receber o carimbo de idoso, tenho lido mais sobre longevidade, adaptação aos novos tempos e realizações tardias. Olhar para a população madura é um exercício bastante interessante na nossa sociedade, que tanto cultua a juventude e o imediatismo.

Sou atemporal. Ainda tenho muitos sonhos a serem sonhados, realizados e vividos. Hoje, com 63 anos de idade, aposentado, estou muito mais ativo e produtivo do que quando tinha 35 anos de idade. Tenho tantas ideias e planos, não só de viagens... Sei que meu estoque de tempo está diminuindo, mas as perspectivas são boas!

A começar pela expectativa de vida que vem aumentando significativamente nas últimas gerações. No Brasil dos anos 1940, a população alcançou uma média de 45 anos de vida. Os dados mais recentes do IBGE, de novembro de 2020, mostram que o brasileiro já vem ultrapassando os 76 anos de idade. Apesar de apresentar um crescimento constante, como o restante do país, meu estado, o Maranhão, segue tendo a média mais baixa, 71,4 anos (75,3 anos para as mulheres e 67,3 para os homens).

Mas, baseado no histórico de família, me mantenho muito otimista. Exceto por minha mãe, que partiu cedo demais, aos

43 anos de idade, meus antepassados foram longevos. Meus quatro avós viveram mais do que a expectativa de vida atual. Foram Matusaléns para seu tempo. Meu pai chegou aos 84 anos de idade. Apesar de terem "saído no lucro", pouco proveito tiraram desse tempo extra. Nada faziam na velhice. Já eu, aos 60 e poucos anos de idade, estou descobrindo o mundo. Comecei minhas peripécias aos 50 anos de idade e não penso em parar tão cedo.

Para mim, a idade cronológica não é barreira. Gostaria que não fosse para ninguém. Os sonhos não precisam expirar conforme a data de nascimento impressa no documento. Muitas pessoas da minha faixa etária acham que não têm muito mais o que fazer. Estão sem propósito de vida. Por conta disso, estão mais suscetíveis à depressão e outros diversos problemas de saúde.

Por conta disso, também, muitas vezes não são respeitadas pelas suas famílias. "Já que tu não faz nada, vai no supermercado. Já que tu não tem compromisso, cuida disso ou daquilo." Não! O aposentado que vive esse tipo de realidade precisa se reafirmar e mostrar que tem vida própria. O idoso pode manter seu coração e sua cabeça joviais e continuar a ser protagonista da própria história. Os meus filhos me respeitam porque eu ainda estou escrevendo a minha.

Sempre disse a eles: "Amo vocês, mas amo primeiro a mim. Primeiro sou eu. Dou meu braço por vocês. Dou meu rim para vocês. Mas me amo em primeiro lugar". Cada um deve se valorizar. Cada um precisa se ter sempre em primeiro lugar. Hoje eles estão com mais de 30 anos de idade. Eles têm a vida deles e eu tenho a minha. Não vou viver vida de filho.

Meu pai foi assim. Ele não viveu a vida de ninguém – nem mesmo na fase em que se espera isso dos pais. Viveu a vida dele somente para ele. Era feliz do jeito dele. "A vida é sua, estrague-a como quiser", disse o provocativo Antônio Abujamra, famoso diretor de teatro, ator e apresentador, que imortalizou o personagem Zé do Caixão. Abujamra só conheceu o sucesso depois dos 35 anos de idade e esteve na ativa, criando e inovando, até morrer aos 82 anos de idade, em 2015. Ele é um bom modelo a ser seguido.

Os idosos das gerações anteriores viviam à margem da sociedade. Ficavam dentro de casa, sentados em suas poltronas "com a boca escancarada cheia de dentes, esperando a morte chegar", como cantou Raul Seixas. Costumes e exemplos para serem deixados no século passado. Atualmente, há muitas atividades voltadas para a "melhor idade", termo usado para revalorizar essa fase da vida, antes muito associada à decrepitude. As pessoas maduras vêm se libertando de rótulos e ocupando mais espaço entre a multidão, sem importar a faixa etária que vivem.

Como é meu caso. Viagens no estilo econômico costumam estar associadas a jovens mochileiros. Embarquei nessa aventura porque encontrei nela uma maneira de viver plenamente a segunda metade da vida. Poderia ser somente mais um profissional aposentado, como milhares de amigos e conhecidos meus. Sem compromissos, sem destaque. Com meu modo de ver o mundo me reposicionei.

Conquistei o título de "brasileiro com mobilidade reduzida mais viajado do mundo" e fiz jus a ele. Com muito empenho, já conquistei a posição de sul-americano com mobilidade reduzida mais viajado do mundo. Venho colhendo muitos reconhecimentos ao longo desse caminho. Sigo por mais. Minha meta é ser o homem mais viajado do mundo!

Ao ganhar projeção por isso, descobri que sou do grupo que "floresceu tardiamente". Aprendi esse termo no livro *Antes Tarde do Que Nunca*, do norte-americano Rich Karlgaard, publicado no Brasil pela nVersos Editora. Ótima e imperdível leitura!

O autor também é um caso emblemático dentro do debate que propõe. Formado na prestigiosa Universidade Stanford (Estados Unidos), teve desempenho mediano na faculdade.

Trabalhou como lavador de pratos, vigia noturno e digitador temporário antes de amadurecer, encontrar motivação interna e impulso para deslanchar na carreira. Só mais tarde, tornou-se o editor da respeitada *Forbes*.

"Ser visto como alguém com potencial para desabrochar tardiamente já foi um sinal de vitalidade, paciência e garra. Hoje, cada vez mais, é visto como um defeito (afinal de contas, deve haver algum motivo para você ter começado devagar). É um prêmio de consolação. Uma moda horrível, já que menospreza exatamente as coisas que nos fazem humanos – nossas experiências, nossa resiliência e nossa capacidade vitalícia de crescer", argumentou Karlgaard na obra.

Lembre-se de que eu não era ninguém dentro dos meus grupos de colégio. Passei despercebido na infância e na juventude. Fui anônimo porque era inseguro e tímido. Era sempre aquele que ficava na dependência de alguém. Sempre buscava uma muleta sobre a qual me apoiar, metaforicamente falando. Eu não fui "o" cara.

Alguns colegas, até mais humildes do que eu, já se destacavam naquela época. Ou pelo esporte ou porque eram pessoas mais brilhantes que a média. Um deles nem comida tinha em casa. Vivia em uma situação muito inferior à minha. Mas era inteligentíssimo. Ele chegava ao colégio e dizia: "Hoje eu tomei banho na minha banheira de espuma". Mas não tinha nem água encanada na casa dele. Todo mundo ridicularizava. Achava aquele desprendimento sensacional. Hoje ele é médico-cirurgião respeitado, mora em São Paulo. Com certeza toma muitos banhos numa luxuosa *jacuzzi*. Ele marcou presença pela inteligência desde muito pequeno.

Vi quase todos meus companheiros do Colégio Batista chegarem a posições de destaque dentro ou fora do Maranhão. O atual vice-governador é da minha turma. Deputados Federais são da minha turma. Donos de hospitais são da minha turma.

Executivos respeitados são da minha turma. Essas pessoas já tinham uma estrutura familiar muito boa, a questão financeira ajudou, mas eles se destacaram por mérito próprio. Apesar de ter vindo de classe social mais baixa, tive uma vida adulta de estabilidade e reconhecimento profissional, mas sem me sobressair.

Demorei para me fortalecer. Até a faculdade, não tinha confiança em mim. Na juventude, quando alguém falava inglês ao meu lado, eu me achava o último dos moicanos. Sentia-me a pessoa mais tola que existia. Hoje, vejo essa questão de outra forma. Se você sabe inglês, alemão, mandarim, parabéns. Gostaria de saber, mas nunca consegui aprender. Embora tenha feito alguns cursos de inglês, tenho dificuldade com o idioma. A minha vida não vai mudar porque não aprendi. A minha vida vai mudar pelas iniciativas que eu tomar.

As viagens se tornaram minha grande motivação depois do acidente, meu foco principal. Definir esse novo objetivo na vida aos 50 anos de idade me deu um gás para compensar seis anos preso em casa ou em hospitais, virar a página das 43 cirurgias e mais de 3 anos imobilizado pelo Ilizarov. Foi combustível novo.

Comecei a perseguir esse objetivo de maneira enfática e descobri que é possível sair pelo mundo mesmo sem falar outro idioma, mesmo usando muletas reais (além das metafóricas), mesmo sem ter muito dinheiro, mesmo sem estar na "flor da idade". Dessa maneira, estou fazendo história.

Sou o brasileiro puro, que dá um "jeitinho" - não pelo lado da ilegalidade, mas sim da adaptabilidade. Não quero fazer apologia ao erro. Falar inglês abre muitas portas. Quanto mais instrumentos se tem, melhor. Só quero alertar as pessoas para não deixarem de fazer o que desejam porque lhes falta uma ou outra coisa!

Não aprendi línguas, mas me reinventei com a internet. Sou fruto da tecnologia, que ampliou meus horizontes. Pouco tempo antes do meu acidente, mal existiam as ferramentas fundamentais que me facilitaram trabalhar de qualquer lugar do mundo e viajar por todo o planeta. Jamais poderia ter feito o que faço se o mundo não estivesse tão conectado como está hoje. Depois de muitas viagens, alcancei uma visibilidade maior do que muitas pessoas que invejei por falarem inglês.

Depois de quase quarenta anos de formado, criei um grupo de WhatsApp que reúne os antigos colegas dos bancos escolares. Nas conversas eles sempre lembram mil acontecimentos do passado e eu raramente estou envolvido em algum. Mas com certeza, entre todos eles, sou aquele que mais planos compartilha sobre o futuro. Não sou saudosista, meu farol é sempre apontado para frente, diferentemente de muitos colegas que têm suas histórias ancoradas no passado. Nunca digo "no meu tempo" porque acho que meu tempo é hoje, agora. Assim como minha hora é amanhã, que está por vir.

Sou um homem de pouco passado e muito futuro. Conquistei um lugar de destaque com idade avançada. Minha timidez foi superada com a vivência internacional. Aprendi a ter autoconfiança. A autoconfiança é um poder inacreditável. Permitiu nascer em mim esse personagem desbravador, destemido e surpreendente. Antes tarde do que nunca!

TUDO É POSSÍVEL

Desde que me descobri nesse papel, quis alardear minhas conquistas para mostrar aos outros que tudo é possível. Meu princípio é um só: se eu faço, qualquer um pode fazer. Não sou super-herói, não sou superdotado, não sou rico, não sou jovem, não tenho o físico privilegiado, não tenho nenhum talento. Se alguém tão normal como eu, com todas as minhas limitações, consegue fazer, então qualquer um consegue.

Sempre fui de me lançar metas, planejar e correr atrás dos meus objetivos. Muitos projetos, entretanto, ficaram para trás. Certamente você também tem planos que não vingaram. Essas experiências não são motivo de desânimo. Serviram como parâmetros para conceber meu caminho. "Caminhante, são tuas pegadas / o caminho e nada mais; / caminhante, não há caminho, / se faz caminho ao andar", alertam os versos do espanhol Antonio Machado.

Com meu plano de viagens, estou indo muito longe. O despretensioso começo ao lado dos meus filhos, em um roteiro de oito países europeus, abriu muitas fronteiras na minha cabeça. Decidi dedicar tempo e dinheiro para deixar minhas pegadas em todos os cantos do mundo. A cada meta batida, eu queria mais. Quarenta países, 50 países, 60 países... 100, 130, 143 até o Coronavírus fechar o caminho. Sigo rumo ao objetivo final: os 194 países da ONU.

Minha trajetória desencadeou outras coisas na minha vida: passei a dar muitas entrevistas, ganhei exposição na mídia, comecei a dar palestras e escrever colunas em jornais. Eu não tinha o perfil para desempenhar nenhuma dessas atividades. Hoje em dia, isso faz parte do meu cotidiano. Por isso, existiu o Luiz Thadeu antes das viagens e agora existe um Luiz Thadeu depois das viagens. Gosto muito da minha nova versão atualizada!

Com 40 países visitados, em 2012, comecei procurando os jornalistas da minha região. Ver minha história na capa do principal jornal local, *O Estado do Maranhão*, me deu forças para ir atrás de toda a imprensa nacional. Saí na *Folha de S. Paulo* quando cheguei a 75 países, no início de 2015. A entrevista para o programa da Ana Maria Braga aconteceu quando eu tinha pisado em 100 países, em 2016. Depois de 120 destinos, virei matéria n'*O Globo*. Chegando aos 130, tive a oportunidade de ocupar duas páginas da revista *Veja*, em 2018. Só para citar alguns veículos tradicionais da imprensa brasileira que contaram minha história.

Com minhas andanças pelo mundo e após sair em todos os maiores jornais do país, de norte a sul, sou sempre notícia! Não fecho a porta para ninguém, nunca. Qualquer *site*, jornal, revista, periódico, rádio, TV, seja regional, nacional ou internacional, tem grande valor para mim. Estou sempre entrando em contato com jornalistas de diferentes meios e origens. Descobri um maranhense que trabalha no periódico *The New York Times*. Bati à porta dele também. É um dos sonhos que persigo atualmente. Uma hora consigo ser matéria lá!

Sempre fui de me meter em diferentes campos e inventar mil coisas. Quanto mais confiante fui ficando, mais ideias consegui realizar. Hoje invento "coisas que até Deus duvida", como costuma dizer minha grande amiga Lys. Por exemplo, sou o único viajante que tem uma placa em um aeroporto no Brasil.

Quando atingi 130 países visitados, entrei em contato com a Infraero, que administra o aeroporto, para mostrar minha história. Levei um *book* com fotos e *clipping* de material publicado na imprensa para comprovar o que dizia. Encontrei uma profissional responsável pela área de comunicação sem nenhuma disposição para conversar e que não gostava de viajar. Não me abalei. Mantive meu entusiasmo, procurei conhecer um pouco dela e tratei de flexibilizar o "não" antecipado que estava levando.

Ela não foi capaz de esboçar um único sorriso durante toda minha argumentação. Mas, no final, prometeu que apresentaria meu projeto para a direção em Brasília. Pediu quinze dias para me dar uma resposta. Quando voltei, passado esse prazo, outra pessoa tinha assumido o cargo. André Serafim, um baiano expansivo que se apaixonou pela minha história e garantiu que íamos conseguir autorização para colocar minha sonhada placa ali. Assim foi!

Era dia 14 de março de 2019 quando fui recebido pela banda do Exército ao lado da porta principal do aeroporto, onde foi instalada minha placa. Seus 90 por 60 centímetros trazem uma foto minha com um globo na mão e um mapa-múndi de fundo com a seguinte mensagem em português e inglês: "Deste aeroporto, partiu para o mundo, Luiz Thadeu Nunes e Silva, Eng. Agrônomo, andarilho e sonhador, que superou suas limitações, foi em busca de seus sonhos e pisou em mais de 130 países em todos os continentes da Terra."

Nessa mesma ocasião, inaugurei no saguão do aeroporto minha exposição de fotos, com 92 imagens. Inicialmente, ela passaria somente uma semana, mas permaneceu por três meses. Foi muito vista, fotografada e divulgada na imprensa. Recebeu até a visita solene do governador do Maranhão.

Essa exposição migrou para a Biblioteca Pública Benedito Leite, em 13 de novembro de 2019, acompanhando outra grande conquista: o lançamento do selo comemorativo dos Correios em minha homenagem. A ocasião teve direito à presença do secretário de cultura e banda do Exército.

A ideia do selo personalizado foi sugestão de um amigo filatelista renomado, João Maranhão, quando alcancei a nova marca que está descrita no selo. Sobre minha foto pode-se ler: "Pelo mundo, o *globetrotter* Luiz Thadeu Nunes e Silva visitou 140 países, sendo o brasileiro mais viajado do mundo com mobilidade reduzida."

Marca esta que também me colocou no *RankBrasil: Livro dos Recordes Brasileiros* como o brasileiro com mobilidade reduzida mais viajado do mundo. Atualmente já trabalho junto aos Correios um novo selo por ter subido mais um patamar e me tornado o sul-americano com mobilidade reduzida mais viajado do mundo.

Celebrar o lançamento do selo na Biblioteca Pública Benedito Leite foi uma alegria extra para mim. Com um acervo importantíssimo de cerca de 140 mil obras nacionais e estrangeiras, esse templo da leitura e do conhecimento é a segunda biblioteca mais antiga do Brasil e está entre as mais bonitas do país. Conheço desde moleque seus salões silenciosos, que por doze meses exibiram minhas fotos.

Em uma época em que ninguém sonhava com a invenção do Google, era ali que eu lia, pesquisava e viajava nas asas da imaginação pelos quatro cantos do planeta. Mesmo sendo tão antiga, ocupando um edifício histórico, suas instalações já estão adaptadas para pessoas com limitações auditivas, visuais e de mobilidade, como eu hoje.

ELIXIR DA LONGEVIDADE

Temos vários potenciais para despertar e desabrochar ao longo da vida. Ter me reinventado depois dos 50 anos de idade me traz satisfação em dobro. É rejuvenescedor. Não tem procedimento estético no mundo que se compare. Rejuvenesce de dentro para fora.

Eu não era nada disso que sou hoje. Quando criei confiança em mim, fiquei ousado e destemido. Digo destemido porque, quando surgem dificuldades, encontro a melhor forma de contorná-las para alcançar o que quero. Você já se perguntou o que deseja? Já avaliou se vive bem? Se está feliz onde está, se pode melhorar o espaço onde vive, se costuma fazer o que gosta? Neste momento, está correndo atrás de algum sonho?

Cada um precisa encontrar formas de se empoderar e trilhar seu próprio caminho. Pode ser pelos mais variados meios. Abraçar uma nova carreira, aprender a fazer tatuagem, pular de paraquedas, conhecer o mundo submerso nas águas, ter um sítio bacana, fazer parte de concursos de dança, pintar quadros ou murais, cantar em um coral, escrever um livro, encontrar um novo amor...

Não precisa ser nada relacionado com viagens. Quantas paixões podem nos dar asas para voar! Mas, mesmo se for, é sempre possível criar o próprio estilo em qualquer âmbito. Meu filho Frederico fez um *tour*, junto com um amigo, para conhecer os principais campos de futebol da Europa. Assistiram a vários jogos do campeonato local. Eu não faria isso, mas ele fez e ficou muito feliz.

Tenho conhecimento de diversos propósitos e roteiros diferentes. O mais interessante de todos, eu descobri em um quarto de *hostel*. Estava hospedado em Jerusalém, no *The Post*, um *hostel* instalado dentro do antigo prédio central do correio da cidade. Incrível o espaço. Comecei a conversar com um rapaz todo tatuado usando uma das poucas frases em inglês que eu sei "Where are you from?" (De onde você é?). Ele me respondeu "Brazil". Que sorte! Batemos um longo papo. Ele era um jornalista do *site* de notícias UOL, mas não estava ali a trabalho. Ele fez um exame de sangue para saber quais eram as suas origens. Aí decidiu visitar todos os países relacionados à sua ascendência. Israel era um deles.

Cada um precisa criar sua própria história. O melhor é não copiar. As possibilidades são infinitas. Quanto mais autêntico, melhor para elevar o espírito. Qual é o seu *hobby*? Você tem alguma paixão? Tem algum talento inexplorado? Talvez algo de que gostasse muito na infância ou na juventude, mas que já está há anos encaixotado nas prateleiras internas do seu ser por causa do trabalho, por causa dos filhos pequenos ou mesmo já grandes?

O que mais impede você é o dinheiro? Preparei um capítulo inteiro nesse livro para estimular as pessoas a quebrarem barreiras financeiras. Defendi que todo mundo deve manter uma reserva. Quero reforçar que essa reserva não deve ser criada para ficar para as próximas gerações. Ela deve existir para viabilizar os sonhos de quem a alimenta. Que graça tem vir ao mundo só para pagar contas e morrer?

Transformei parte do meu dinheiro em uma compensação pessoal. Seu dinheiro também tem que ser bem empregado naquilo que gosta de fazer. Você gosta de livros? Vá comprar os que lhe agradam e monte uma linda biblioteca. Gosta da vida no campo? Arranje um pedaço de terra, cultive uma horta. Use seu dinheiro para fazer a terra produzir e seus sonhos florescerem.

Acredito que todo mundo que ganha seu próprio dinheiro deve se dar presentes. O presente que eu me dou são minhas viagens. Outra pessoa vai se dar qualquer outra coisa que a faça feliz. Podem ser momentos de lazer, pode ser um carro... O importante é cada um ficar satisfeito com seu presente, fruto dos seus ganhos. Além de não criar dívidas, isso nunca!

É possível ir longe mesmo com limitações financeiras, problemas físicos e restrições linguísticas. Sejam lá os empecilhos que você enfrenta, saiba que há um mundo novo à sua espera sempre que você decidir ir em busca dele. O estilista francês Yves Saint Laurent tinha medo de andar de avião, criou suas premiadas coleções de roupa sentado no sofá de sua sala por meio dos livros. Portanto, você, caro leitor, amiga leitora, também pode ir longe sem necessariamente sair de casa.

Outro dia vi no jornal a história de um cara de 62 anos de idade que arranjou uma namorada de 84 anos de idade. Eles iam se casar! É uma coisa diferente. Talvez seja pouco frequente, mas acontece. Pode acontecer com qualquer um.

Em princípio, perdi minha mobilidade. Era para eu ficar quieto, não ir a lugar algum. Quando comecei a usar as muletas, eu ficava muito contente se conseguisse ir à praça que há em frente ao meu prédio. Hoje levo minhas companheiras de metal para visitar todos os cantos do mundo. Descobri nas viagens algo que me preenche, que me deixa cheio de boas energias. Quebrei muitas barreiras, principalmente pessoais.

Em breve, quero quebrar também a barreira do som. Você vai me ver andar em um caça da aeronáutica. Um conhecido que trabalhava na base aérea do Rio de Janeiro abriu caminho para eu falar com o comandante de lá. Já acertamos tudo. Ele quer fazer um teste, se a minha perna me permite entrar no *cockpit* e quer dar uma voltinha comigo para ver como funciona toda a logística. Mas eu não quero fazer isso sem mostrar para o mundo. Estou conversando com a televisão para documentar tudo.

Nem todos meus projetos são grandiosos e cinematográficos. Mas gosto sempre de registrar tudo em fotos, pelo menos. Os lambe-lambes de cidades turísticas são incríveis. Volto com as melhores imagens do lugar, pagando entre US$ 20 e US$ 30. Já realizei também muitos ensaios fotográficos, em diferentes partes do mundo, inclusive na minha própria cidade.

Minha mulher e eu já fizemos ensaios em Nova York, Buenos Aires, Santiago do Chile e Punta del Leste. Ao completar quarenta anos de casados, em 2023, temos programado fazer um no Palácio Guanabara, local onde nos casamos. Heloísa colocará o vestido de noiva, que ainda lhe serve perfeitamente. Repito sem cansar um dos meus lemas: "Terra, aproveite enquanto está em cima dela." Ainda complemento: "De todas as formas que encontrar."

Dou preferência a vivências, experiências, aprendizados, ações e atividades em detrimento das coisas para gastar meu dinheiro. Porque tudo o que nós temos na Terra é emprestado. É a lei da finitude da vida. Vai acabar. Então, se vai acabar, a grande questão é usufruir e não simplesmente possuir ou acumular. Se nada vamos levar para o outro lado, por que se apegar às coisas? Se você quer gastar dinheiro com joias e carro, saia muito com eles para passear. Desfrute! Eu gosto muito de louças, compro muitas. Sempre capricho ao arrumar a mesa, uso frequentemente as peças mais bonitas que tenho para embelezar o ritual. As refeições são sagradas para mim.

A maioria das pessoas não enxerga formas de curtir a vida cotidiana. A maioria das pessoas está no "modo sobrevivência". Seja jovem, com todas as forças e os hormônios lá em cima. Seja velho, na concepção antiga da palavra, velho com cabeça de velho. Poucos planejam a longo prazo. Precisamos pensar o que queremos ser quando envelhecermos. Minha geração foi pega de surpresa. Não esperávamos viver tanto. Enquanto estamos vivos, temos que sonhar e realizar.

Cresci escutando que o Brasil era um "país jovem". Quando eu era rapaz, mais da metade da população tinha idade abaixo de 34 anos. Envelhecemos juntos, o Brasil e eu. Segundo projeções do IBGE, em 2030, o número de idosos já terá ultrapassado o de crianças até 14 anos de idade, e a população brasileira deverá parar de crescer. As taxas de nascimentos e mortes entrarão em equilíbrio.

Em 2010, os maiores de 60 anos de idade eram apenas 10% dos brasileiros (19,6 milhões). Hoje somos 28 milhões de pessoas nessa faixa etária, número que representa 13% da população do país. Esse percentual tende a dobrar nas próximas décadas. Em 2050, de acordo com o IBGE, os idosos já serão quase um terço da população nacional: 66,5 milhões dos 226 milhões de habitantes.

Essa mudança radicalmente rápida no Brasil, que deve se completar em um intervalo de apenas quarenta anos, levou mais de um século para acontecer no Velho Mundo. Lá já está consolidada. Em função disso, classificações de idade e fases da vida já estão sendo revistas e editadas. Há cientistas sugerindo que a adolescência se estenda dos 19 para os 24 anos de idade. Há países postergando a terceira idade para depois dos 70 anos de idade.

Em 2018, a Itália deu o primeiro passo nesse sentido. Com 63 milhões de habitantes e a população mais idosa da União Europeia, a linha divisória da velhice foi adiada dos 65 anos de idade para os 75 anos de idade, pela Sociedade Italiana de Gerontologia e Geriatria.

Não à toa o caloroso povo italiano foi tão afetado pelo Coronavírus no início da pandemia. Tendo a maioria da população no grupo de risco e sendo acostumados a uma proximidade e interação física maior que a dos outros povos europeus, a propagação e as consequências da doença foram avassaladoras para o país.

Pelos cálculos da geriatria, uma pessoa pode ser considerada velha dez anos antes da sua expectativa de vida. Na Itália, a média é de 83 anos de idade para os homens e 86 anos de idade para as mulheres. Além disso, os médicos avaliam que uma pessoa de 65 anos de idade nos dias de hoje apresenta condições físicas e cognitivas equivalentes a quem tinha entre 40 e 45 anos de idade na década de 1990.

Os conhecimentos científicos no campo da saúde permitem que mais pessoas possam viver mais tempo e em melhores condições. No campo comportamental, estuda-se como criar circunstâncias para que seja viável aproveitar bem esse tempo "extra" oferecido.

Mirian Goldenberg, antropóloga dedicada há mais vinte anos ao tema do envelhecimento, faz um forte trabalho nesse sentido. Nas suas pesquisas, palestras, colunas e livros convida pessoas de todas as idades a reverem valores – entre eles, aparência física, amizade, liberdade e felicidade – e pensar alternativas para construir uma "bela velhice", título de uma de suas obras.

Na contramão dessas conquistas, a sociedade insiste em valorizar cada vez mais o sucesso precoce. Entendo que quem se sobressai antes do esperado merece reconhecimento. Mas dar muitíssimo mais valor a isso do que às conquistas de quem floresce em qualquer outro momento da vida é desestimulante e cruel. Essa lógica chega a ser incompreensível.

Desde criancinha, deveríamos ser encorajados a pensar a longo prazo e a respeitar nossos próprios tempos de evolução. Que saudável seria olhar para a vida como um todo. Olhar para a velhice como consequência do que fizemos desde a infância. Escutei outro dia que "velho é um jovem que deu certo", e concordo plenamente. Sempre cultivei uma visão de futuro. Sempre penso a vida dali a dez anos. Organizo-me hoje para chegar lá.

Minha matéria-prima são os sonhos, e trabalho duro para conquistar cada um deles. Quanto mais tempo eu tiver para sonhar e realizar, melhor. Não tenho nada de nostálgico. Jamais você vai ouvir de mim coisas do tipo: "Porque eu era mais feliz quando fazia isso ou aquilo". Tenho orgulho e respeito por quem fui, mas não tenho saudade. Estou sempre de olho no amanhã.

Nunca se é velho demais para estabelecer uma nova meta ou sonho. O jornalista Fernando Gabeira é um grande exemplo disso. Completou 80 anos de idade em fevereiro de 2021 e, na ocasião, contou em reportagem que tem mil planos. Aprendeu a nadar com mais de 60 anos de idade e virou um atleta disciplinado. Diariamente vai de bicicleta até o Clube de Regatas Flamengo para praticar, além de trabalhar bastante. Tem um *podcast* semanal, está escrevendo um livro, frequentemente entra ao vivo na TV trazendo notícias ou comentando fatos da atualidade. É muito produtivo. É tudo o que quero ser.

O tempo não envelhece a alma de um sonhador. Todos os dias o mundo me manda desistir, mas como sou teimoso, desobedeço. Aprendi cedo que a vida não é uma obra acabada, requer construção cotidiana, aprendizado permanente, sabedoria e paciência contínua. Sempre que me perguntam se estou otimista sobre o futuro, respondo com as palavras sábias de Ariano Suassuna: "Sou um realista esperançoso".

Não vou mentir, entretanto. Às vezes, também acho que estou ficando velho. Daqui a uns cinco anos talvez não consiga fazer mais aventuras como as que faço hoje. Talvez tenha que parar ou passe a viajar em outro ritmo. Talvez tenha que andar mais de táxi, e precise arcar com custos mais altos. Claro que o corpo vai cansando. Apesar de me sentir "seminovo", tenho consciência de que não sou mais garoto. Integro o grupo dos sessentões e quero aproveitar, mesmo com as minhas limitações, o máximo que puder cada oportunidade.

Mesmo com tudo o que passei - muitas medicações e muito tempo imobilizado -, não fiquei acabado. Vejo que mantenho o físico e o ânimo muito melhor do que colegas que foram esportistas ou costumavam se manter sarados na juventude. A maioria deles já convive com uma bela barriga e os cabelos brancos. Mantenho uma certa disciplina para não ganhar peso. Gosto muito da frase da Rita Lee que é assim: "Eu quero saúde pra gozar no final". Ainda posso tomar cerveja, e muitos amigos meus já não podem mais por causa de uma série de problemas. Como dizia o velho Luiz Magno: "O homem está no lucro quando toma mais cerveja do que remédio". Quero chegar aos 90 anos de idade tomando minhas geladas.

Certos dias estou para baixo, como qualquer ser humano. Nesses momentos em que estou mais abatido, sinto que meu corpo esfriou. Fico pensando: será que ainda tenho coragem de sair daqui, pegar um avião, atravessar o mundo, descer em um lugar onde não conheço ninguém, andar sozinho, me virar com esse inglês rasteiro? Tudo isso passa pela minha cabeça.

Certos dias amanheço me sentindo com 90 anos de idade. Mas na maior parte dos dias amanheço com 30 anos de idade. Quando estou com 30, aproveito para fazer muita coisa nova. Nos dias em que me sinto quase centenário, me resguardo e descanso. Quando percebo que estou assim, me renovo com as histórias dos outros. Busco na imprensa e na internet histórias bacanas, histórias de superação. Ver bons exemplos eleva meu espírito. Uma das coisas que mais melhora meu ânimo é ler e assistir a boas palestras. No dia seguinte é bem provável que eu volte aos 30 ou 50 de idade, pelo menos, e esteja dando mil entrevistas, falando euforicamente das viagens que fiz, dos projetos que tenho.

Acredito que tudo ao nosso redor é energia. Energia positiva e energia negativa. Procuro anular as negativas e multiplicar as positivas. Quando tenho um projeto, conto para todo mundo, porque me sinto mais estimulado ainda a correr atrás para não dar errado. Conheço muita gente que faz exatamente o contrário: guarda para si o que está planejando realizar, com medo da inveja dos outros. Discordo muito dessa ideia, não tenho medo de inveja. Tenho a sorte de não atrair pessoas negativas.

Por experiência, percebo que quanto mais gente fica sabendo dos meus planos, mais reforços conquisto. Primeiro porque ninguém faz nada sozinho. Segundo, cada vez mais pessoas podem ser beneficiadas. Terceiro, a energia positiva direcionada para aquele projeto se fortalece e é mais fácil que ele se realize. Aos poucos, vou conectando gente que também quer que aquilo aconteça.

Um dos meus maiores projetos paralelos às viagens, atualmente, é a criação de uma biblioteca comunitária para São Luís. Como comentei antes, minha paixão pelas viagens e pelo mundo nasceu nas bibliotecas públicas que frequentei. Quero retribuir conhecimento para a sociedade. Além do que só vejo abrir academia e fechar livraria na minha cidade. É uma tragédia! Ninguém vai para frente sem ler, ninguém se desenvolve sem cultura. Sou fã de inteligência, mas, lógico, bom caráter também é importante. Diante de qualquer problema que tenho, converso com as pessoas inteligentes ao meu redor. Elas são faróis que me dão um norte. São pessoas de muita cultura e leitura. Elas sempre têm uma visão de vida diferente, e me apontam aspectos que não estou enxergando.

Com o propósito de montar a biblioteca e por meio de divulgação, venho conseguindo muitas doações de conhecidos. Também tenho ido atrás das editoras; por lei elas devem repassar uma cota de livros gratuitamente para as bibliotecas comunitárias. Estou muito empolgado. Já tenho um forte parceiro nessa empreitada: meu amigo de adolescência Raimundo Araújo Gama, dono da nVersos Editora. Como é um homem dos livros, ele ficou entusiasmado com a ideia desde que lhe mostrei a proposta. Ele vem comprando muitas obras. Constantemente me manda fotos das novas aquisições.

Chamei Gama para ter a chancela de alguém que já está nessa seara. É um homem respeitado na área da educação e na área editorial por conta das suas empresas. Pedi que se juntasse a mim nesse projeto. "Coloca teu nome como se colocasse teu autógrafo", brinquei fazendo uma comparação bem verdadeira.

Queremos que trabalhe conosco uma bibliotecária para organizar tudo. Quantas crianças não gostariam de ler um livro legal e viajar por meio dele? Aos poucos, vamos viabilizando esse projeto.

Outro projeto pelo qual estou batalhando envolve cinco colegas engenheiros agrônomos - Aroucha Filho, Luiz Alfredo, Emilio Vellozo, Raul Mochel e José Augusto Silva - e nossa professora de paisagismo Antônia Lima Oliveira. Estamos estruturando a distribuição massiva de mudas nos bairros de São Luís. Sou ludovicense de corpo e alma. É aqui que escolhi viver, criar meus filhos e esperar meus netos. Ilha de Upaon-Açu, Athenas Brasileira, Ilha Magnética, Cidade dos Azulejos, terra de encantos mil, meu torrão natal, minha querida Ilha do Amor merece mais verde, mais sombra, mais ar fresco.

Buscamos o apoio do prefeito recém-eleito. Precisamos, no mínimo, que a administração pública se comprometa em manter a rega das plantas fora da época de chuvas. O maior gargalo que encontramos é de fornecedores das espécies. Há poucos viveiros na região, mas logo encontraremos a solução.

Dessa forma vou somando à famosa recomendação do poeta cubano José Martí, que você já deve ter ouvido mesmo sem saber que é dele: "Há três coisas que cada pessoa deveria fazer na vida: plantar uma árvore, ter um filho e escrever um livro." Porque eu quero sempre mais. Tive dois filhos. Pretendo viabilizar o plantio de muitas árvores, não necessariamente por minhas mãos. Escrevi esse livro, já tenho o segundo planejado e não me faltam ideias para outros mais. Em breve, abrirei uma biblioteca inteira de outros autores. Vou ficar muito feliz se, quando eu partir dessa vida, puder deixar esses legados para o mundo.

EXPECTATIVA *VERSUS* REALIDADE

Sempre achei que a desejada sabedoria iria me deixar mais tranquilo e sossegado. Ledo engano. Estou mais inquieto. Quero fazer coisas novas. Hoje, aos 63 anos de idade, tenho muitas ideias novas surgindo e projetos em andamento, que o tempo parece pouco para realizar tudo. Não tenho tempo para nostalgia.

Com a cabeça que tenho hoje, fico me cobrando por que não despertei para a vida mais cedo? Por que fui tão insignificante quando tinha 35, 40 anos de idade? Deixei muita coisa passar. Prestei muito mais atenção no meu entorno do que em minha vida, perdi muito tempo com bobagem que não somava nada.

Com o passar dos anos me tornei uma pessoa mais assertiva, muito mais segura. Antes ficava preso à opinião dos outros. Não crescia, não desenvolvia, porque ficava pensando que o José era mais bonito do que eu, a Maria era mais inteligente do que eu, que o Pedro falava inglês e eu não, que o João sabia jogar futebol e eu não, que a Ana tinha talento e eu não. Não estou mais preocupado se fulano acha feio, se sicrano acha bonito. Não tenho mais tempo a perder.

Não sei quantos anos de vida ainda terei. Serão dez, vinte ou quarenta anos? Provavelmente já passei da metade e não tenho outros sessenta anos na manga. Não sei. Por isso, tento fazer um acordo com o tempo. Preciso equacionar meus sonhos diante do que me resta. Mas não "produtivo" na concepção do mercado de trabalho, de gerar riqueza capital para o patrão. Produtivo no sentido de frutífero e proveitoso para mim e para a sociedade. Identifico-me muito com as palavras de Mário Lago, compositor e ator que viveu até 90 anos de idade em plena atividade: "Eu fiz um acordo com o tempo. Nem ele me persegue, nem eu fujo dele. Qualquer dia a gente se encontra e, dessa forma, vou vivendo intensamente cada momento".

É assim que tenho vivido nos últimos dez anos, depois que me tornei um viajante que percorre o mundo de muletas. Esse personagem aflorou e se solidificou graças ao fotógrafo Albanir Ramos. Ele percebeu que eu escondia as muletas para fazer fotos e me alertou: "Você não existe sem muletas. Você é um personagem graças a elas".

O mesmo Luiz Thadeu de antes podia estar viajando, mas não teria uma história para contar, porque não se achava interessante. Se o Luiz não tivesse a segurança que tem hoje, iria fazer tudo isso e teria vergonha de contar as histórias dele. Com 40 anos de idade, eu poderia viajar o mundo todo, mas jamais ia dar uma entrevista para a *Folha de S. Paulo* ou para Ana Maria Braga. Nem escreveria um livro.

Hoje, não tenho qualquer tipo de bloqueio. Tenho assunto para qualquer pessoa. Se tiver de falar agora com o Papa Francisco, tenho conversa para ele, de igual para igual. Vou querer até saber os pecados dele. Nordestino não tem cerimônia, né? Não conheço um nordestino recatado. Nem homem nem mulher. Se chego em uma roda, onde estão falando de algo que desconheço fico até incomodado. Vou pesquisar sobre aquele assunto. Quero, pelo menos, ter noção do que se trata e aprender sobre aquilo.

Na minha experiência, o bom de ficar velho (aí voltamos à questão da sabedoria) é que se consegue fazer uso só do essencial. Um dos itens de primeira necessidade agora pra mim, além de saúde, é manter a mente boa. No Maranhão, temos um ditado que diz assim: "o sujeito fritou o juízo". Se eu fritar meu juízo, nada mais anda. Por isso, medito muito para acalmar minha mente. Tenho que manter a serenidade para não fritar o juízo.

Se soubermos usar só o essencial, nossa vida fica mais leve. Aprendi as leis de Newton, aprendi equação de segundo grau, aprendi o que é mol. Só que não sei mais nada. Mas aprendi uma coisa fora da escola que é útil para a vida toda: ter bom senso.

Tenho que saber o que devo falar e os momentos de me calar. Isso é bíblico, está presente em Eclesiastes 3:7. Devo saber ser agradável inclusive por meio da minha expressão facial. Isso as escolas não ensinam, quem ensina é a vida. Vem com a vivência e com a observação. Mas só chega a essa sabedoria quem está procurando. Quem está só na academia malhando e não está exercitando o cérebro não vai chegar nisso nunca.

Saio de casa, atravesso oceanos, desembarco em lugares longínquos, nunca antes visitados, ando pelas ruas, entro sozinho em restaurantes, museus, lojas. Preciso estar com a cara muito boa, tenho que estar com um sorriso nos lábios até alguém vir me atender. Quero criar empatia. Isso faz com que as portas se abram. Graças a Deus, em todos os lugares da Terra por onde passo, estou sempre me conectando com gente boa. Nunca fui maltratado.

Aprendi com algumas pessoas ao meu redor que vale a pena ser maleável e manso. Por observação e convivência, sei que todo mundo que é mais manso consegue melhor as coisas. Lógico que há ocasiões em que é preciso aumentar o tom. Quando o doido aparece na hora certa, o doido é respeitado.

– Para mim, a vida é um eterno aprendizado, é um jogo permanente. Nos dias em que amanheço com boa disposição, acho que vai dar tudo certo. Mas pode dar tudo errado. É preciso ter paciência, mansidão e sabedoria para lidar com os problemas diários. Uma palavra mal colocada ou um gesto equivocado pode afetar um relacionamento amoroso, relações familiares ou mesmo uma longa amizade. Comparo a minha vida ao jogo lúdico de varetas. O desafio consiste em retirar uma vareta de cor diferente por vez, sem mexer nas outras, para não desequilibrar o jogo todo. Diariamente a vida nos oferece novas jogadas. Quais varetas você está se arriscando para pegar?

CAPÍTULO 10
Lambuze-se! Aproveite o agora

> "Quem mata o tempo
> não é assassino,
> é suicida."
>
> Millôr Fernandes (1923-2012),
> dramaturgo, escritor e tradutor

Caro leitor, amiga leitora, vocês lembram como nossa vida era boa até pouco tempo atrás? Podíamos ir ao *shopping*, ao cinema, à livraria, ao estádio de futebol, ao restaurante, ao motel, podíamos aglomerar sem nos preocuparmos com os "protocolos". Viajar? Podíamos subir em um avião, apertar o cinto, relaxar e descer do outro lado do mundo, só dependia de podermos bancar a passagem e, em alguns casos, tirar um visto.

A nossa vida estava muito legal com todos os ganhos conquistados ao longo de séculos. A gente nem sabia que estava tão legal. Daí veio um vírus invisível, traiçoeiro e letal que tirou, literalmente, o mundo inteiro da sua zona de conforto - mais confortável para uns que para outros, com certeza. Desde então, a prudência diz: "Fique em casa". Passear, viajar e até encontrar pessoas queridas passou a representar um risco sem tamanho.

Desde então, "estou escapando milagrosamente" faz mais sentido do que nunca para responder como temos passado os últimos dois anos. Essa frase é uma marca de meu amigo Manoel Paulo da Silva, colega de profissão e filósofo nato. Muito antes da pandemia, ele já usava essa máxima para responder a um simples "oi, tudo bem?". Quem não enxergou que a maior dádiva em tempos de Coronavírus é estar vivo, está vivendo errado. Estamos diante de uma crise sanitária em que nos transformamos em ameaça uns aos outros.

Alguns pesquisadores vinham alertando para as possibilidades e os desafios desse terrível cenário. Foram um tanto desacreditados, pareciam propor coisas loucas de ficção científica, e o que disseram acabou se tornando a pura e crua realidade. Não foram poucas as consequências dolorosas – embora também tenha havido coisas boas – que a pandemia gerou na vida de cada um. Por conta dessa situação de ameaça, incerteza e insegurança, as pessoas desenvolveram muitos problemas emocionais. Nunca se falou tanto em saúde mental. Vamos passar muito tempo tentando entender esses impactos e buscando caminhos para nos restabelecermos psicologicamente.

Graças àquelas evoluções conquistadas ao longo de séculos de que se falava anteriormente, as questões de saúde física puderam ser compreendidas e respondidas mais rapidamente. Pela primeira vez na história a ciência desenvolveu, em tempo recorde, vacinas para proteger a população mundial contra uma doença recém-surgida, e assim frear o número de óbitos.

Em 2022, a nova onda de internações e mortes por Covid-19 se deve aos que, por ideologia ou teimosia, não se deixam vacinar. A pandemia ainda não acabou em nenhum lugar do planeta, apenas arrefeceu em alguns países graças à vacinação. As variantes seguem surgindo e se espalhando pelo mundo. Não são elas que estão ficando mais fracas: fomos nós que ficamos mais fortes contra a doença. Por isso as perspectivas já são muito melhores.

Rogo a Deus para termos de volta nossa vida de antes do aparecimento desse flagelo. Mas não sou adepto de estacionar no drama do "eu era feliz e não sabia". Tenho consciência de cada bom momento que vivo. Também por isso sei que nem as fases boas nem as ruins são para sempre. As duas coisas se alternam. Esse é um dos meus princípios de vida. É preciso reconhecer e desfrutar dos momentos das épocas boas e aprender a administrar os períodos mais difíceis.

O nirvana é ter um bom trabalho, um bom salário, ter saúde e família bacana. Mas nada disso impede que a gente receba de repente um diagnóstico de câncer ou outra bomba do tipo. No meu caso, como contei no início do livro, eu estava muito bem no dia em que sofri o acidente.

Naquela manhã, abri a janela do apartamento onde estava hospedado em João Pessoa, olhei para o mar e agradeci a Deus: tenho uma família legal, estou ganhando dinheiro e tenho essa vista maravilhosa neste momento. Aos 43 anos de idade, minha vida mudou completamente. Passei seis anos sem andar. Não é difícil ficar doido numa situação assim, mas isso só aumentaria o tamanho do problema. Aí dei um comando para a minha cabeça: "Mudou porque tinha que mudar, se tu fritar o juízo é pior" e tratei de manter minha sanidade e meu ânimo.

Esse não foi o único perrengue que passei na vida, como você sabe por tudo o que leu até aqui. Minha mãe morreu quando eu tinha 17 anos de idade e minha vida virou de cabeça pra baixo pela primeira vez. Eu sabia que minha mãe ia morrer um dia. Quando realmente aconteceu, pensei: "Isso é muito pior do que eu imaginava". Mas não fiquei desesperado. Assumi a casa e, em parte, a criação dos meus cinco irmãos. Durante os vinte e cinco anos seguintes me reestruturei, me graduei em agronomia, formei família, conquistei um bom trabalho. Até que o acidente aconteceu e virou minha vida de novo de pernas pro ar.

Agora, vinte anos depois, aos 63 anos de idade, sinto que sobrevivi a outra rasteira da vida, com a diferença que esta foi uma rasteira coletiva, algo que não aconteceu somente para mim. O planeta saiu do seu caminho normal e isso exigiu que as pessoas se adaptassem. Quem estava menos preparado, sofreu mais, naturalmente. Eu me sinto pronto para me adaptar a qualquer circunstância. Vejo claramente que a cada cambalhota forçada consegui me adaptar. Como realista esperançoso que sou, sempre acredito que as coisas vão melhorar. Além do mais, como bom brasileiro, não desisto nunca.

Mas tenho uma forte diferença com a grande maioria dos meus compatriotas e das pessoas em geral: eu não sou imediatista, estou sempre pensando a longo prazo. Estou sempre pensando como vou me salvar. Tenho planos B e C para quase tudo. O que não posso fazer é ficar batendo a cabeça na parede, querendo que as coisas sejam iguais ao que eram antes. Não tem como!

Para mim, a pandemia foi um "freio de arrumação" para a humanidade. Digo "freio de arrumação" às situações que se parecem a quando você está em um trem em movimento e, de repente, o maquinista dá uma freada. Todo mundo tem que se segurar para não cair. Quem consegue se segurar minimiza os danos.

Uma prova de que sou realmente superadaptável é que, apesar de ter passado uma década viajando (de 2009 a 2019), não desenvolvi nenhuma ansiedade por ter de ficar em casa, nem surtei por conta disso durante a pandemia. Era para eu estar ansioso e nervoso, querendo fazer planos de viagem, mas não. Voltei da Europa em março de 2020, dias antes de as fronteiras serem fechadas, e até agora não voltei a pegar um voo internacional. Fiz apenas duas viagens nesses dois últimos anos aqui dentro do Brasil. As nove passagens que tenho compradas, incluindo duas de volta ao mundo, estão em *stand-by*.

Eu, que passava grande parte do tempo andando pelo mundo, tive que fazer da minha casa o meu mundo. Resgatei o velho artifício de viajar sem sair do lugar, como fazia quando era novo e não tinha condições financeiras para ir muito além do meu quintal. Utilizei meu baú de memórias, documentários, notícias, vídeos e livros para me transportar no tempo e percorrer lugares conhecidos e desconhecidos. Fiquei muito agradecido por ter uma casa. Gosto muito de estar em casa. Foi uma conquista minha.

Ao contrário do que geralmente acontece entre os casais, meu apartamento tem mais minha cara do que a de minha mulher. Gosto muito de cuidar e decorar o espaço onde habito, porque, quando era criança, vivi em um ambiente muito caótico. Acredito que fiquei assim porque sou filho de um dos homens mais desorganizados que a Terra já pariu. Luiz Magno, meu pai, era um bonachão, muito divertido e super bagunçado. A bagunça dele dava certo para ele, porém nunca deu certo para mim. Ele me serviu de exemplo de tudo o que eu não queria ser.

Meu pai teve uma oficina na garagem de casa, levava tudo que era velho e estragado lá para dentro. Bagunça em meu entorno atrapalha muito minha cabeça. Lugar quente também me atrapalha! Sou nordestino, mas detesto calor. Sou movido a organização e ar condicionado. Antes de começar a produzir, preciso arrumar a casa toda: cama, pia, mesa, sofá...

Sempre tive amigos mais velhos e observava que as pessoas mais organizadas se davam bem melhor que as afobadas. O desarranjo leva a uma série de problemas. Quem não se planeja e está sempre correndo perde tempo, dinheiro e saúde.

Por isso, cada vez mais, tratei de me organizar e me antecipar às coisas. Eu não era assim, aprendi a fazer isso. Hoje, quando encontro uma boa promoção de vinho, compro logo 20 garrafas. Não espero a *Black Friday* para gastar com o que não preciso só porque dizem que está mais barato ou porque "eu mereço me dar um presente". O que eu realmente mereço é não ter dívida, por isso fujo do consumismo e reservo meu dinheiro para o que considero ser uma prioridade. Ouvi diversas vezes de minha saudosa mãe Maria da Conceição: "Caso não tenha, não gaste, meu filho. Festa passa, dívida fica".

DE MISSIVISTA A CRONISTA

O período de reclusão por conta da pandemia foram tempos sabáticos para mim. Aproveitei a oportunidade de estar em casa para fazer cursos à distância, para ler e escrever mais, o que incluiu escrever esse livro. Além disso, estreitei minha relação com a imprensa. Bati em muitas portas de publicações nacionais para ser personagem de matérias e oferecer minhas crônicas.

Mesmo sem poder avançar nos meus planos de conhecer os 194 países da ONU, continuei vendendo minha história de "sul-americano com mobilidade reduzida mais viajado do mundo" como pauta para diferentes veículos de mídia. Fui matéria de duas páginas em uma das revistas impressas de maior circulação nacional hoje, a *TODOS*, da Drogasil, distribuída em todas as farmácias da rede no Brasil. Publiquei um artigo de minha autoria na *Folha de S. Paulo* e me tornei cronista do cotidiano em diferentes publicações brasileiras.

Mais importante ainda: quarenta anos depois de me formar em Agronomia, voltei para a faculdade, realizando um antigo sonho. Estou cursando jornalismo e fazendo uma pós-graduação em Marketing. Cheguei até aqui depois de uma longa caminhada iniciada em um leito hospitalar e que foi se firmando com o tempo.

Em fevereiro de 2004, durante minha internação no Hospital São Camilo, em São Paulo, li na revista *Veja* uma reportagem sobre os "Doutores da Alegria", grupo de palhaços que leva alegria, fôlego e esperança para crianças internadas em hospitais. Tracei um paralelo com a minha realidade naquele momento. Era fevereiro, pleno Carnaval, e fazia seis meses que eu estava passando de um hospital a outro, de uma cirurgia a outra, por conta do grave acidente sofrido em julho de 2003.

Depois dessa leitura, escrevi uma carta para a revista. Minha surpresa, na semana seguinte, foi vê-la publicada. Fiz uma festa, mostrei para quase todo o hospital. De lá para cá não parei mais, já escrevi quase cinco centenas de cartas e *e-mails* para os principais jornais e revistas do Brasil e alguns de Portugal.

Somente na *Folha de S. Paulo* já tenho mais de 150 cartas publicadas. Por ser um missivista do jornal, recebi de presente a edição especial de 100 anos da publicação, em 2021. Depois de ler o especial, escrevi alguns elogios ao jornal, que é minha primeira e última leitura do dia. Em seguida recebi uma nova "cortesia" da *Folha*. Eles mandaram um *e-mail* me convidando para escrever um artigo que contasse minha relação de leitor com o jornal. No final da mensagem, o remetente disponibilizou seu contato. Imediatamente liguei para me certificar da veracidade do convite. Era verdade! Entre incrédulo, preocupado e feliz, escrevi o artigo e enviei no dia seguinte. Ele me informou que estava ótimo e que aguardasse a data da publicação. Dia 19 de julho de 2021, para minha enorme alegria, um texto assinado por mim saiu no maior e mais prestigiado jornal brasileiro, um dos maiores do mundo.

Além de ter essa oportunidade única na *Folha*, durante a pandemia me consolidei como cronista fixo em 20 publicações de oito estados brasileiros, entre jornais, portais e *blogs*. Além de personagem das matérias, tornei-me um escrevinhador. Gosto muito desse ofício!

Só no meu estado, estou assinando artigos em quatro jornais, incluindo o *Jornal Pequeno*, mais conhecido como "JP", onde meu avô paterno escrevia. O ávido leitor que tenho sido desde criança agora tem um lugar entre os produtores de conteúdo, antes mesmo de terminar a faculdade de jornalismo. Eu não só leio como sou lido! Isso me dá uma felicidade tamanha!

Atualmente publicam minhas crônicas: *O Estado do Maranhão*; *Jornal Pequeno*, *Extra*, *O Imparcial*, todos de São Luís (MA); *O Progresso*, de Imperatriz (MA); *O Dia* e *Folhas Avulsas*, ambos de Teresina (PI); *MTnotícias* e *Estadão*, ambos de Cuiabá (MT); *Marajó Notícias*, do estado do Pará; *Só Sergipe*, e *Correio de Sergipe*, ambos de Aracaju (SE); *Jornal do Estado*, de Feira de Santana (BA); *Região*, de Itabuna (BA); *Notícias 1*, do estado da Paraíba; *Nordeste 1*, de Guarabira (PB); *Portal do Araçagi*, de Araçagi (PB); *Jornal do Sertão*, do interior de Pernambuco, e a *Revista Bzzz*, de Natal (RN). A reunião dessas crônicas em breve irá compor meu segundo livro que será intitulado: *Conversas Matutinas*.

Só que não parei por aí. Atravessei fronteiras internacionais por meio desses meus artigos sobre atualidades, em que ofereço reflexões sobre o meu entorno e o mundo. Em março, comecei a escrever para o *Novo Jornal*, de Luanda, capital da Angola, na África. Agora estou conversando com publicações portuguesas, um jornal de Guimarães e outro de Viana do Castelo, ambos no norte de Portugal. Viana do Castelo tem uma cidade irmã aqui no Maranhão, onde minha mãe nasceu.

No Brasil, grande parte do meu relacionamento com os veículos para os quais estou escrevendo veio das duas únicas viagens que fiz nesses dois últimos anos pandêmicos. Fui para Teresina em novembro de 2020 e estive em Aracaju, e Salvador, em setembro de 2021. Antes mesmo de sair de casa em cada ocasião, acertei de dar entrevistas e me apresentar pessoalmente em jornais, TVs e revistas locais. Em Aracaju, dei ainda três palestras: a primeira para 12 integrantes da equipe de Segurança Pública do Sergipe, a segunda para 500 estudantes, e a terceira, 1,5 mil estudantes.

Durante os tempos de isolamento, só pude oferecer algo próximo das minhas palestras por meio de "lives" – uma mania daquele momento que deve permanecer entre nossos costumes. Fui convidado para participar de diferentes conversas e entrevistas transmitidas pela internet para contar sobre minha história. Mas agora, com o Coronavírus sob certo controle, os eventos presenciais estão sendo retomados.

Em breve, devo expandir minha atuação como palestrante para a equipe dos Correios. Estamos negociando transformar aquele meu selo, que é local, em um selo nacional e, desse contato, surgiu o interesse da empresa em apresentar minha história de empenho e superação para os seus funcionários.

Outro projeto pessoal que se desenrolou muito durante a pandemia foi a criação da biblioteca comunitária em São Luiz, chancelada por meu amigo Gama. Ficar limitado a circular na minha cidade por tanto tempo abriu meus olhos para a necessidade de um espaço voltado para a cultura, como o que tenho planejado há tempos. Ainda mais depois dessa fase que tanto afetou a área cultural.

Minha meta é abrir a "Casa de Cultura Educadora Maria da Conceição Nunes e Silva" no Centro da Ilha do Amor ainda em 2022, mas se não for possível conseguir um local acessível nessa região, a iniciativa será instalada na minha antiga casa, no bairro Cohafuma. Terá a biblioteca, espaço para exposições e rodas de conversas e um café. Quero que o ambiente seja muito convidativo e ativo para atrair visitantes. É preciso reter e fidelizar essas pessoas por meio das trocas interessantes que oferecer, a fim de ser sustentável ao longo do tempo e não se tornar um ponto morto. A campanha de doações de livros está cada dia mais forte, recebendo o apoio da mídia e somando muitos títulos ao nosso catálogo.

Quando olho ao meu redor, entre os colegas da minha idade, quase ninguém está se mexendo como eu para realizar velhos (ou novos) sonhos, quase ninguém está falando em futuro, quase ninguém tem planos de longo prazo. A maioria deles está correndo atrás de pagar dívidas. Vejo que estou muito bem, fico muito feliz por isto. Sinto que quero e devo manter esse ritmo. Não posso relaxar nem em períodos tão estranhos como os da Covid-19. Afinal, não é porque todo mundo está fazendo o errado que o errado está certo. Nem é porque ninguém está fazendo o certo que o certo deixou de ser certo.

Se for útil e puder lhe dar um conselho, caro leitor, amiga leitora, faça do tempo um aliado, pois ele vai passar rápido, e ao brigar com ele só quem perde é você. O tempo é um ativo, e, em qualquer fase da vida, tem que ser muito bem gasto. Não quero passar receita de como viver a vida, cada um deve descobrir sua forma de viver bem. Não sou o dono da razão e, embora eu até tenho vontade de consertar o mundo, sei que o mundo não tem conserto. Agora mais maduro, entendo que se eu me consertar, já estou fazendo muito bem para o mundo. Se puder servir de inspiração para outras pessoas, melhor ainda. É nisso que estou empenhado.

Li outro dia um texto sensacional de autoria do médico psiquiatra e palestrante paulista Roberto Shinyashiki intitulado *Não coma a vida com garfo e faca. Lambuze-se!*. "Muita gente guarda a vida para o futuro. É por isso que tantas pessoas se sentem emboloradas na meia-idade. Elas guardam a vida, não se entregam ao amor, ao trabalho, não ousam, não vão em frente. Não deixe sua vida ficar muito séria, saboreie tudo o que conseguir: as derrotas e as vitórias, a força do amanhecer e a poesia do anoitecer. Com o tempo, você vai percebendo que, para ser feliz, você precisa aprender a gostar de si, a cuidar de si e, principalmente, a gostar de quem também gosta de você."

Muitos esperam a semana toda pelo "sextou", o ano todo pelo verão, a vida toda pela felicidade. Faça diferente: leve a vida mais leve. Transforme todos os dias em sextas-feiras, aproveite as quatro estações do ano, não espere a vida passar para vivê-la plenamente. Lambuze-se! A vida é hoje, é agora. A vida é arte, é aprendizado, é construção.

Respire fundo, pois tem um mundo inteiro pela frente!

CAPÍTULO 11
Caminho sem volta

"Eu não estive em todo lugar,
mas está na minha lista."

Susan Sontag (1933-2004),
escritora e ativista norte-americana

Por mais de uma década, meu critério para definir as viagens era essencialmente o bolso. Bastava o custo da aventura caber no meu orçamento e eu embarcava, sem me importar se era para conhecer um novo país ou revisitar lugares queridos. Até que a pandemia da Covid-19 pegou o planeta inteiro de surpresa em 2020, mandou o dólar para as alturas e fez surgir muitas restrições para viagens internacionais. Além disso, completei 63 anos de idade durante a pandemia, e ficou claro para mim que não posso mais deixar o tempo passar.

Quanto antes possível vou aproveitar as passagens que tenho para Japão, Estados Unidos (San Diego, Miami e Orlando), Grécia, Costa Rica, Havaí e Ilhas Galápagos. Planos que tiveram de ser adiados por conta da pandemia. Fora isso, decidi concentrar minhas energias e recursos em chegar aos 194 países da ONU. Me faltam apenas 51 deles, 26% do total. O que é bom e ruim ao mesmo tempo.

Agora eu já não tenho mais como escolher muito. Para cumprir esse objetivo, será necessário gastar mais dinheiro. O desafio é grande para fechar a equação, pois esbarra em uma das minhas limitações: meu bolso raso. Diversos desses países que estão faltando são muito complexos. Alguns simplesmente costumam ser muito caros, como a Mongólia. Nesses casos, basta ter sorte de encontrar uma boa promoção! Outros estão em zona de conflito, como Irã e Afeganistão. Também há aqueles que são de difícil acesso, por exemplo, algumas ilhas do Oceano Índico. Para esses, é preciso encontrar boas estratégias que viabilizem a viagem.

Descobri cruzeiros saindo de Brisbane, Austrália, que chegam a várias ilhas relativamente próximas à Oceania - Ilhas Salomão, Ilhas Marshall, Kiribati, Micronésia, Nauru, Nova Caledônia, Palau, Papua-Nova Guiné, Samoa, Tuvalu, Tonga e Vanuatu. Com exceção da Nova Caledônia, todas são estados-membros da ONU. Uma viagem de navio a seis desses destinos saía por US$ 1.000, em 2019. Quando todas as fronteiras reabrirem, veremos quanto custará em reais.

Ao aumento do câmbio soma-se, em alguns casos, a elevação do nível dos mares. Kiribati é um conjunto de 33 ilhas ameaçadas de desaparecer dentro de poucos anos devido às mudanças climáticas. É preciso ir antes que virem uma verdadeira Atlântida. Existem planos para transferir seus cerca de 100 mil habitantes para as vizinhas Fiji, se as previsões começarem a se confirmar. Tenho insana vontade de conhecer esse lugar com tantas particularidades. É o único país do mundo com territórios nos quatro hemisférios da Terra e por alguns anos foi cortado pela Linha Internacional de Data, considerada o oposto do Meridiano de Greenwich. Seu povo ficava bem confuso porque tinham vinte e quatro horas de diferença, até que em 1995 decidiram que a Linha passasse a contornar o país para que todos os seus habitantes vivessem no mesmo fuso. Desde então, é o primeiro do mundo a celebrar a passagem de ano.

Além de querer bater a meta e conhecer o território antes que desapareça, pretendo também fazer parte da sua história. Kiribati é considerado um dos países menos visitados do mundo. Certamente cabem nos dedos das mãos os brasileiros que pisaram ali, e eu quero ser um deles. Mantenho uma pequena bandeira de lá dentro da minha carteira para me sentir mais próximo desse destino.

As ilhas em geral têm um apelo especial para mim porque sou ilhéu, nasci em São Luís do Maranhão, uma cidade cercada de água por todos os lados. Minha pretensão é visitar o máximo de ilhas no globo. Já conheço as três mais *top* do planeta: Seychelles, Maldivas e Maurício. É impressionante quanta beleza cabe em pedaços tão pequenos de terra.

Também já visitei Dinamarca, Suécia, Noruega, Austrália e Nova Zelândia, países formados por conjuntos de ilhas deslumbrantes pela sua natureza e organização! Apesar de não serem nações, Zanzibar, na costa da Tanzânia, e a Ilha de Páscoa, território chileno em meio à Polinésia, me conquistaram com seus sítios arqueológicos e paisagens maravilhosas.

Ainda não cheguei à Groenlândia, muito simbólica na minha vida. Quando eu era garoto, por volta dos 10 anos de idade, descobri que esse lugar existia quando um tio meu, Antônio Carlos Aragão Nunes, irmão da minha mãe, que era militar do Exército, serviu na Groenlândia. Desde então, fiquei com esse recôndito em evidência na memória. Já li muito sobre essa que é a segunda maior ilha do mundo depois da Austrália, e a segunda maior área coberta de gelo do planeta depois da Antártida. Cobiçada até por Donald Trump. Ele causou uma desavença diplomática, típica do seu *modus operandi*, quando tentou comprar o território em 2019 e levou um rotundo "não".

Por enquanto ela não estará entre minhas prioridades porque não é um país em si, é território dinamarquês autônomo e não contará para eu bater minha meta. Assim como Ilha da Madeira, Canárias e Tasmânia, que tenho grande interesse em conhecer. Mas um dia pisarei em cada uma delas! Já a Islândia está na minha mira e é muito factível. Tudo que li sobre esse país insular é sensacional e exótico. Não vejo a hora de conhecer suas geleiras e lavas.

Uma ilha aonde teria ido, se não fosse o Coronavírus, é a Falklands, ou Malvinas para os argentinos que nunca dão por encerrada a disputa com a Inglaterra. Fui alertado pelo meu excepcional assessor Ivan sobre o lançamento da rota São Paulo-Santiago-Punta Arenas-Falklands pela Latam, no início de 2020. O valor era promocional e cabia no meu bolso. No entanto, a ideia foi por água abaixo, pois acabou tudo cancelado antes da estreia. A ilha se fechou completamente para o mundo e o vírus.

ESTRATÉGIAS PARA GANHAR O MUNDO

A maioria dos países que me falta está concentrada na África. Não é por menos, o continente possui 54 nações-membros da ONU, e várias são pouco estruturadas para receber visitantes internacionais. O que não quer dizer que sejam pouco atraentes. Já estive em 15 delas: África do Sul, Benin, Botsuana, Cabo Verde, Egito, Etiópia, Jordânia, Marrocos, Namíbia, Quênia, Tanzânia, Togo, Tunísia, Zâmbia e Zimbábue. Só me decepcionei um pouco com o Egito. Pela imponência de suas pirâmides e monumentos, nunca imaginei que seria um dos lugares que menos me agradou no mundo. Encontrei um ambiente muito sujo, muito quente e pouco seguro. Mas, havendo uma bela promoção, posso dar uma segunda chance para reclassificá-lo.

Com um amigo que conheci em um *hostel* de Miami, estou planejando fazer um *tour* por parte do continente africano de uma forma bem diferente. Alejandro Quijano é chileno, foi criado na Espanha e já morou por quatro anos no Malauí, onde nasceram os quatro filhos adotivos da cantora Madonna. Ele trabalhou em uma fundação de fomento lá e tem bastante conhecimento para traçar nossos planos de viagem. A ideia é comprar uma van, sair de Madri, atravessar o Estreito de Gibraltar e descer até o Malauí.

Chegarei a outros países africanos também durante minha viagem de volta ao mundo que aguarda, ansiosa, minha retomada, assim que for liberado para circular novamente por este mundão de Deus. Comprei, em 2019, por R$ 2 mil, em uma promoção relâmpago da United Airlines, sete trechos interligando o globo terrestre. O circuito é: São Paulo (América do Sul) - Nova York (América do Norte) - Amsterdã (Europa) - Xangai (Ásia) - Melbourne (Oceania) - Israel (Oriente Médio) - Nova York - São Paulo. Tenho direito a abrir as passagens em Amsterdã, momento em que visitarei a África, e em Xangai, quando devo aproveitar para conhecer o Butão e Taiwan.

Tenho ainda outra volta ao mundo com milhas, a ser montada. Quero reservar 50 dias para pisar em todos os continentes e tomar banho em todos os oceanos nessa oportunidade. Precisará ser bem pensada também para poder cobrir outra boa parte da minha atual lista de prioridades. A proximidade com as milhas está me animando também a começar a atuar nesse mercado de passagens. Venho estudando o setor. Nunca me aventurei a entrar no mercado financeiro e da bolsa de valores. Mas me sinto bastante confortável para trabalhar com milhas. Meu intuito não é ganhar dinheiro, é ganhar passagens aéreas e poder passar a viajar só com o lucro desses negócios.

Bater a meta com certeza demandará empenho, mas depois de concluir esse objetivo maior não pretendo pendurar as malas e encerrar viagens. Muito pelo contrário. Sempre quero mais... Como disse em capítulos anteriores, nunca fui pobre na vida. Eu podia ter vacância de dinheiro, mas possuo a melhor coisa que uma pessoa pode ter: uma mente rica. Uma mente que vai buscar as coisas. Nunca me acomodo. Minha matéria-prima são os sonhos.

Após completar minha meta dos 194 países, já elegi sete países onde sonho em morar. Quando li outro dia a coluna de Zeca Camargo, na *Folha de S. Paulo*, percebi que essa mania de querer morar em todo lugar que conheço não é exclusividade minha. Ele já começa o texto assim: "'Eu ainda vou morar aqui.' Diga que você nunca soltou essa frase, mesmo que em pensamento, quando visitou uma locação especial no mundo ou no Brasil, e eu vou afirmar que você está mentindo." O texto segue descrevendo vários lugares onde ficou tentado a residir ou de fato se instalou por meses. Tenho muito disso. Penso até na casa que gostaria de comprar para desfrutar daquele lugar.

Quero começar com alguns meses na Argentina, que eu amo de paixão. Já estive em território *hermano* nove vezes e achei pouco. Quero mais! Austrália, Espanha, Israel, Itália e Portugal são meus outros preferidos. Além, é claro, dos Estados Unidos, onde já tenho um apartamento em que nunca morei. Quero sair da minha casa, em Orlando, lá na península do estado da Flórida, e cruzar o país e parte do Canadá numa diagonal até o Alasca. Já estudei o trajeto. São quase 7.500 km e setenta e cinco horas de uma estrutura viária muito boa.

Mesmo sem falar a língua oficial da maioria desses países, vou passar entre um e seis meses em cada um deles. Tenho certeza de que vai ser incrível! Li recentemente uma entrevista no jornal O *Globo*, em que um homem de 76 anos de idade dizia: "Tenho tantos planos e metas que precisaria de mais uma vida para realizá-las". Também é meu caso. Por isso não quero mais perder tempo e preciso de foco. O que é bastante difícil em um mundo tão rico e interessante, cheio de sedução.

Entre os destinos mais cobiçados está a Antártida. Nesse continente gelado, terra sem dono, onde reina a ciência mundial, só entra quem é convidado. A Estação Comandante Ferraz, base brasileira na Ilha Rei George, hospeda pesquisadores, políticos - já que o dinheiro para as atividades da base precisa ser aprovado pelo Congresso e Senado -, autoridades, jornalistas e formadores de opinião. Como venho me desenvolvendo como palestrante, espero conseguir me enquadrar nesses requisitos. Tenho um projeto junto à Marinha, responsável por fazer o deslocamento dos visitantes, aguardando análise.

Em setembro de 2020, pude reforçar minha atuação nessa área e ampliar meu público. Fui um dos palestrantes no evento de Valorização à Vida do 24º BIS (Batalhão de Infantaria de Selva), de São Luís, em alusão ao mês de prevenção do suicídio. Tive a honra - e o desafio - de assumir o microfone logo após a palestra do general reformado do Exército Moura Barreto. Aos 76 anos de idade, ele fala sobre felicidade, tema de que gosto muito e sobre o qual estou sempre lendo. Ainda na ativa dava treinamento e palestras por todo o Brasil sobre educação financeira. Ele tem seis livros publicados, três deles sobre o assunto. Atualmente, está produzindo uma nova obra. Uma grande inspiração para mim! Para minha grata surpresa, depois de fazer minha apresentação, escutei dele o melhor elogio que pode existir: "Você é a personificação de tudo que preguei a vida inteira". Espero poder levar minha história a diversas outras plateias e ter muitas viagens associadas a isso na minha vida.

Não importa quantas fronteiras atravessar e quantas palestras der pelo Brasil ou planeta afora, meu porto seguro continuará sendo o Maranhão. São Luís é minha casa e o mundo é meu quintal. Pretendo percorrer todo o meu estado com seus 217 municípios. Já está nos meus planos futuros. Juntamente com o fotógrafo e amigo Albanir Ramos, quero sair fotografando o interior mais inócuo do Maranhão e escrever sobre o que as pessoas me relatarem. Rodar o mundo inteiro é sensacional, mas bem sei que não é preciso ir muito longe para ter boas histórias para contar. A autora de novelas que marcaram época, Glória Perez, tem uma frase que acho sensacional e me baseio muito nela: "Se você sentar do lado de qualquer pessoa, em uma tarde livre, e tiver a capacidade de ouvir, dali você escreve uma história maravilhosa".

Ao chegar à maturidade, confirmei o que aprendi na longa caminhada da vida: rico não é aquele que tem muito, mas aquele que precisa de pouco para ser feliz. Eu nunca soube o que é ter muito, mas sempre soube me adaptar ao pouco que tive. Realizei desejos, sonhos, tirei do papel planos e metas com o pouco que tenho. Ainda quero conquistar muitas coisas e realizar vários sonhos, mas tudo a seu tempo, sem cansar a mente, sem me desviar dos princípios que acredito, como homem de fé, com a fé inabalável no Deus Vivo. Ainda tenho muito chão pela frente e muito céu para voar pelo mundo.

Pronto. É isso, amiga leitora, amigo leitor. Essa é a minha história. Narra a trajetória de vida de um homem simples e sonhador que, sem nenhum talento, aprendeu a conviver com suas limitações, se reinventou na maturidade, após descobrir que viver é mágico.

Lembre sempre que hoje é o primeiro dia do resto de nossas vidas. O tempo passado não volta mais, portanto reserve tempo e energia para gastar com o que gosta e faz bem para você. Agradeço sua companhia até aqui. Espero que nos encontremos pessoalmente algum dia.